天 山 詩選 89

申 世 薰 제3민조시집

아흐, 동동 '천부경' 나라

한기10949

한웅기5910

단기4345

동이공기2563

남방불기2556

서기2012

도서출판 天 山

아흐, 동동 '천부경' 나라

申世薰 제3민조시집

上元甲子
8937
+2012
10949
5910
4345
2563
2556
2012
도서출판 天山

차 례

제1부 통 일 꽃

차 례

제2부 天宮도 나빌 땅

제3부 新黃鳥歌

차 례

제4부 기계는 거짓말쟁이

제5부 統一詩經

차 례

祝　電
——제29시집 '영원한 母子' 23쪽에서

김 시 종

'소문국'*이 낳은

소문난 한국의 시인,

'민조시의 아버지'

申世薰 시백 글잔치 만세!

*소문국 : 조문국(召文國). 기원 전 10세기 경 기자 조선의 후예가 내려와 세운 왕국. 기원 후 신라 왕조와 일본 왕실의 뿌리(외척)가 됨. 의성사람들은 '소문국'을 옛 이두 발음대로 '조문국'이라 한다.—편집인 주.

——2011. 4.25. 김 시 종 사룀.

<自 序>

朝鮮詩 쌀농사를 정성껏지어…하늘에 바치리

——제3민조시집 “아흐, 동동 ‘천부경’ 나라”를 내며

정형 律呂詩를 쓴 지 만36년째다. 발표한 지는 만32년째다. 3·4·5·6調를 첨 쓴 날은 지난 1976년 10월 14일. 부산→서울행 고속 버스 속에서 ‘3·4·5·6조·1·2·3’ 연작 3편 民調詩를 같은날 한꺼번에 쓴 게 처음이다.

그로부터 첫 民調詩集 ‘3·4·5·6조’는 만12년 전 해(2000. 6.25. 도서 출판 天山)에 냈다. 이시집이 민조시집으로선 이땅 첫시집이 된다. 내 두 번째 민조시집은 ‘통일꽃 핀다’(2008. 3.25. 도서 출판 天山)라는 명찰을 달고나왔다.

첫민조시집 ‘3·4·5·6조’ 서문엔 ‘새정형시 민조시(3·4·5·6조) 개척 선언문’(2000. 6.26. ‘自由文學’ 편집실에서.)을 썼다. 두 번째 민조시집 ‘自序’엔 日本으로 건너간 신라 이두 향가조 3·4·5·6조인 ‘阿知女法’(아지매법 : 日皇室祭迎神招魂詞)을 우연히 洪潤基 시인의 글에서 발견해내 처음 민조시 뿌리임을 밝혀 공개(2008. 2.18.)하고, ‘民調詩論 공개 강좌(2005. 5.27. 배재 학술 지원 센터 1층 세미너 실. 한국 시문학 아카데미 주최.) 생녹음 원본(‘민조시 제안’)을 목소리 그대로 풀어 빠짐없이 건져냈다.

당시 초록(정리·이 솔 시인)은 ‘詩文學’(2005. 7.)에 게재됐고, 이번 제3민조시집 “아흐, 동동 ‘천부경’ 나라”에 실린 논문 형식인 ‘새로운 정형시 운동’(한국 시문학 아카데미 ‘금요 시론 포럼’ 논문 모음 ‘새로운 시론 탐구’. 신규호 정리.)은 역시 그때 발표된 내용을 중심으로 신규호 시인이 고맙게도 다시 고생해가면서 논문으로 정리한 원고인데, 독자를 위해 여기 그대로 재수록한다. 원본(생녹음)과 이 솔 기록본(‘詩文學’ 게재본) 및 신규호 정리본(‘새로운 정형시 운동’)은 그래도 각각 약간씩은 색깔이 달라서 나중 民調詩論集을 낼 때 한눈에 보이도록 3본 1속으로 묶어 한꺼번에 선보일까 한다. 개척 초창기라 첫길라잡이 때부터라도 빛깔은 분명히 해두고자 함이다.

이제 민조시 분야 후학들도 자그마치 67명(2012. 9.30. 현재.)이나 되고, 반년간지 '民調詩學'(2010. 10.15.하반기.창간호.)도 편집 동인제로 제4호까지 발행했다. 창간호부터 민조시뿌리캐기 이론과 실제를 한꺼번에 기획·편집해가고있다.

여기서 고대 '黃鳥歌'(고구려 유리왕 作) '公無渡河歌'(A.D.2세기 경 고조선 때 白首狂夫 아내 作.) 및 향가 쪽의 '구지가'(창간호) '海歌'(창간호. 金進中 역.) '風浪歌'(미실이 作. 제3호.)와 심지어 '秋夜雨中'(崔致遠 作. 五言律詩. 김진중 역.)을 민조시뿌리로 번역해보았다. 고려조의 '鄭瓜亭曲'(첫1·2행.3·4·5·6조.제2호.)에서 보나 조선조의 '情·1' '秋' '白石' '한문과 한글을 섞은시'(金 笠 作. 김진중 역.) 역시 민조시풍임을 요새말로 번역해보고는 그장단 가락 거의 3·4·5·6조임을 다시 한번 깨달았다.

'민조시 이해를 위한 시인의 에세이'(첫민조시집)로는 '민조시론 散考·1~5'(계속)와 " '훈'문학의 '온'뿌리" " '훈'의 수리학과 소리의 태어남" " '훈'의 소리학과 律呂의 부활" " '민조시'의 정형 수리학 풀이"…들로, 이를테면 약1백여 편이 넘을 듯하다. 기본적인 民調詩林 조직과 학문적 이론은 이미 여럿이 힘을 합해 그바탕을 이땅위에 다함께 깔아놓은 듯하다. 그러나 널리 이해되고 알려지지 못한 것은 민조시인 측 홍보·실력부족이거나 文林社會의 기성 力學 고정 관념 때문이 아닌가싶다.

그럴수록 이분야의 길라잡이인 내 어깨엔 천근 만근 더 무거운 진다래꽃이 핀다. 먼저 자중 자애하면서 무엇보다 깊이있고, 무게있고, 빛깔좋은 조선시 농사를 열심히 지어 이민족앞에 부끄럽지않은 시인이 돼야겠다. 내 죽기 전 조국 통일 되기를 빌며, "아흐, 동동 '천부경' 나라"를 펴내바친다.

——한기10949:5910:4345:2563:2556:2012. 9.24. 한가위 엿샛날 전. '自由文學'에서.

我山 申世薰

<한국 시문학 아카데미 '금요 시론 포럼' 논문 모음 '새로운 시론 탐구'/교열 · 재록>

새로운 정형시 운동

——民調詩에 대하여

발표 · 申 世 薰(제22 · 23대 한국 문인 협회 이사장)

때 · 2005. 5.27(금). 14:00~17:00.

곳 · 배재 학술 지원 센터 1층 세미나 실.

정리 · 신 규 호(시인 · 제19대 현대 시협 이사장)

1.

늘 여러분들과 토론하고싶은 것은 바로 民調詩입니다. 이 民調詩도(그러한 맥락에서) 어렸을 때부터 공부를 해가다가, 대학에 들어가 沈相運 씨하고 중대 기숙사(12호실) 한방에 같이 있게 됐는데, 沈相運 씨는 국문과고, 나는 연극 영화 학과니까 국문과 강의를 신청해 들을 것은 전부 듣고, 신청 못할 한문학 쪽이라든가, 고전 문학 쪽은 도강을 하거나 했습니다. 거기서 양재연 선생(고전 문학)이나 또 남광우 선생('고어 사전' 편찬), 김동욱 선생(고전 문학)이 그때 중앙 대학교에 계셨는데, 그분들의 명강의를 다 들었습니다.

그러면서 沈相運 씨가 가지고있던 고전 문학 교과서, 대학 교과서를 빌려가지고 처음부터 다 읽고, 심지어 우리나라 고전의 향가 · 여요 · 가사, 그다음에 고시조, 안병욱 선생이 편한 '고시조 사전', 이런 것을 보니까, 이판소리 대본같은 것도 볼 기회가 있어서 보고, 실제적으로 소리와 창을 발표하는 것을 자주 듣고보러다니다보니, 우리말의 장단가락 매듭이 우리 무용이나, 혹은 민속놀이나 민족 전통극 · 가면극이나, 심지어 시골에서 늘 잔치마당을 벌이는 동네 굿마당극이라든가 농악까지 감상할 기회가 있었습니다. 그 4물놀이(꽹과리 · 북 · 징 · 장고) 네 개로써 이루어지는, 하머니로 이루어지는 4물놀이에 장단가락 박자까지도, 우리 민족의 장단가락이 한마디로 4분의 4박자나, 4

분의 3박자,… 이러한 풍으로 완전히 이루어져 있었습니다.

대중 가요로 말하면 바로 트롯 풍이죠. 나는 트롯 풍이 우리의 기본적인 율조라 생각을 하고 파악을 했습니다. 그리고 음수율·자수율은 '향가'부터 지금까지 고전 문학 전부 다 훑어보고, 판소리 가락까지, 장단까지 전부 다 짚어보니까, 民調詩 그운문 맥락이 이제 짚어졌습니다.

時調도 마찬가지입니다. 시조도 초장·중장·종장, 3장 6구로 나눠져 있지만, 시조의 구성이 초장 3·4/3·4 또는 중장도 3·4/3·4, 종장은 3·5/4·3(거꾸로 하면 3·4·5·3→초·중·종장의 3수리와 연결+3=6)… 이렇게 일단 단수, 평시조에 매겨져 있거든요. 물론 거기에 엇시조도 있고, 사설 시조도 있고 여러 가지가 있습니다만, 평시조를 계속 연결해 쓰면, 연작처럼 쓰면, 이제 연시조가 되겠고, 이러한 걸로 시조가 발전되어나왔습니다만, 시조 형식·내용도 보면 결국 여러분 눈에도 보일 겁니다. 3·4·5·6조(3조+3조)입니다.

다만 형식만 초장·중장·종장에서 3장 6구(12음보)로 나누어져 있는데, 그런 구조가 결국 문학에, 옛날부터 내려오던 소리 장단가락, 한민족 연극이나 음악이나 무용이나 마찬가지입니다. 무용의 춤사위하고 비교해보면 결국 3·4·5·6조 가락으로(현장성있는 시절가인) 시조가 형성되어 있더란 말입니다. 시조가 3·4·5·6조라 하는 것은, 3·4는 이미 초장이, 중장이 다 3·4이고, 그러면 5·6은 어디 있느냐. 종장 3/5/4·3 종장, 종장에 3/5/4·3에 들어있습니다.

왜 그러면 우리 민족이 3박을, 3을 중요시했느냐, 이게 역학(주나라의 '주역'이 아닌)과 관계가 있습니다. 3·4·5·6조가 바로 1·3·5·7·9의 기본 홀수의 수리, '天符經'에 보면 1은 3하고 같은 개념(1=3=天人地=○△□=우주=3재·3신 사상)입니다. 3이 곧 6이 되고, 3X3=9가 되고, 9X9=81이 되고, 또 '天符經'은 81자인데, 곱하기·나누기·빼기·더하기 수리 전부 다 '천부경'속에 다 들어있습니다. 우리 인류의 철학·수리학은 우리 조선 동이족의 선조들이 다 해놓은 것입니다.

'천부경'속에는 우주(만상) 철학까지 다 들어있습니다. 수리학·기하학, 다 들어있습니다. 대수·기하학도 들어있습니다. 그걸 연구해보고, 언제 깨달았느냐 하면, 소설가인 박용숙 씨가 전화를 걸어와('77년도예요. 정확하게.) "사학자 천관우 씨(언론인·'동아 일보'사 편집 국장 시절)도 이걸('천부경') 못 풀었고, 천관우 씨가 '동아 일보'에 '천부경' 해석하는 사람은 상금을 주겠다고 광고를 냈는데도, 아무도 못 풀었는데, 이제 우리나라에서 유명한 역학자가 이 '천부경'을 풀어내 강론을 하니, 들으러 가자." 하고 연락을 해왔습니다.

'중앙 일보' 신춘 문예에 당선된 미술 평론가인 이분(박용숙)은 옛날 '自由文學' 편집장까지 하고, 열심히 좋은 소설 쓰다가 그후에 미술 평론으로 바꾼 끝에 대학 교수로 미술사만 강의를 했는데, 미술사를 강의하다 보니까 '천부경' 쪽에 관심이 있었던 것입니다. 그래 같이 가자고해서 갔습니다. 내가 그때 그 '천부경' 강론을 듣고 크게 충격을 받았습니다.

'천부경' 81자를 얇은 팸플릿 판으로 번역했는데, 몇 날 며칠 동안의 그강론과 질의·토론을 들으면서, 그걸 듣고나니까, 세상이 완전히 달리 보였습니다. 그후부터 경전이나 고전·상고사 들을 열심히 읽고, 공부하면서 느꼈습니다. '아! 우리 민족은 위대한 민족이구나. 우리 민족이 세계 역사에, 사상적으로나 언어·문화 뭐로나 모든 면에서 제일 앞섰던 민족이었구나. 제일 역사·문화가 앞섰던 민족이었구나.' 연금술·수리학·철학, 우주 만물의 음양 원리를 아는 역학, 전부 다 우리 선조들이 계발해놓은 것임을 알게 되었습니다. 인류 역사상의 문자도 우리 민족이 제일 먼저 만들어낸 것입니다.

韓文(漢文)도 중국 문자가 아닙니다. 우리 조상이 만든 우리 문자입니다. '한단 고기'에 보면, 단군 가륵 2년에 신지가 만들어서 저변방의 왕국이나 부족 국가에 전파해주었다고 합니다. 물론 그때는 녹두(도)문도 있고, 우서·화서도 있고, 여러 가지 문자가 있었습니다. 그러니까 그림같은 상형이 먼저 시작이 되고, 그다음에 은나라 갑골 문자로 이어지고… 이렇게 가림토문(가림다문)이 생긴 것입니다. 가림토문은 모음·자음 모두 38정음자인데, 우리 세종 대왕과 '집현전' 쪽에서는 28정음, 38정음 중에서 10자는 버린 채 28정음만 가지고 우리 한글을 만들었던 것입니다. 그래서 한글을 만들어놓고 세종 대왕이 '창조했다.'는 소리를 못했습니다.

왜 '맹가노니….'라고 했겠습니까. 가림토문 38정음, 여기서 28모음·자음 정음을 가져왔기 때문입니다. 우리가 남쪽으로, 남쪽으로 밀려 내려와 한반도 쪽에 밀려와 사니까, 따뜻한 지방으로 왔기 때문에 거칠고탁한 발음은 다 없어진 것입니다.

'쓰·끼·쮜·프·카·찬·칸', 이런 구개음에서 거칠게 걸리는, (음-) 목소리에서 껄껄하게 나오는, 추운 지방에서 벌벌 떨면서 서로 이야기할 때 '크크, 프프' 하고 '츠츠피티뷔…' 하는 음성은 거의 없어지고, 28정음만 남겨가지고 우리 한글을 부드럽게 정착시킨 것입니다. 한문자를 가지고 이두를 표현하던 시대에는… '호태왕비'(광개토 대왕비) 같은 것들도, 요새 중국의 문법으로 번역하면 그해석이 달라지고틀립니다. 옛날 우리식, 옛날 우리 이두, 지금의 한글어순으로 하는 우리 문법 그대로 '호태왕비'를 해석하면 맞아들어가는 겁니다.

그러나 요즘 학자들이 서양 문법과 같은 한문 문법을 가지고 '호태왕비' 같은 고전 역사 기록을 해석하니까 엉뚱한 해석으로, 되어버리는 것입니다. 그러니까(인류 언어 문화사를 모르는) 역사 학자들이 우리 역사를 잘못 해석하게 되는 것입니다. 모든 수리학·수학이 철학입니다. 天人地(원각방=○△□=3신 사상) 기하학적인 것 모든 게 우리 민족이 창안해 낸 것입니다.

'천부경' 81자속에는 우주 만상의 원리, 아까 '3'을 이야기했습니다만, 3신 사상·3재 사상이 다 들어있습니다. 한문으로도 '3'('三')은 하늘과 인간과 땅, 3세계로 나누어서 만든 것입니다. 한글은 소리글자만(있는 것은) 아닙니다. 한글도 (한자와 같이) 뜻글자와 소리글자를 같이 갖춘 글자입니다.

그러나 우린 (한글을) 배울 때 소리글자라고만 배웠습니다. 어느 글자든지, 한문이든지, 한글이든지 하나로 긋는 것('一')은, 이건 제일 위에 있는 것은 하늘을 뜻하는 것입니다. 한1자('一')죠. 한1자가 뭐냐?

하늘이다! 왜? 하늘이 한1('一')자냐? 옛날 우리 조상들은 원시 시대에서 역사 시대로 넘어올 때, 은하수를 한 '一'로 표현한 것입니다. 여기서부터 하늘을 맨위에 쓰는 (뜻인) 한 '一'자로 표기하는 겁니다. 그러니까 한문에서 윗글 한 '一'자로 된 것은 무조건 하늘(天 = 하늘:一, 땅:一 + 사람:人)을 뜻하는 겁니다. 한글의 'ㅎ'을 보더라도 한 '一'자가 있습니다.

한글에서나 한문에서나 점(·)은 주인·사람·왕·우두머리(하느님)를 뜻합니다. 한문에서 점(·)을 좀 더 구체적으로 설명하면 하나의 주인이다, 한(ᄒᆞᆫ)이다, 하나다, 크다, 많다, 우리다,··· 이러한 뜻의 개념으로 (선조들에겐) 점(·)이 우리 문자에 필요했던 겁니다. 'ㅎ'의 '一' 위에 점이 찍혔다는 것은 '하늘위에 주인이 있다.'라는 거죠. 여기다가 하늘(一)아래 'ㅇ'을 쓰면 역시 하늘이 있는 둥그러미(동그라미)에, (하늘)세상 또 그위에 둥근하늘이 있는데, 거기 주인이 있는 거예요. 이게 'ㅎ'이라는 뜻이라서 굉장히 중요합니다. 여기 'ㅎ'밑에 아래(주인) '·'을(를) 찍어 'ㄴ'으로 가로세로 울타리를 막아붙여쓰면 '한'(ᄒᆞᆫ) '우리', 우리의 한글 뜻글자로, 바로 이런 사상이 'ᄒᆞᆫ사상'입니다. 'ᄒᆞᆫ사상'은 우리 문학에서, 시에서 특히 ᄒᆞᆫ사상·ᄒᆞᆫ사상 하면은 (이-) 슬프고괴롭고 이런, 恨스런 민족이라고 해서 '恨' 사상이라 선배들이 (자주) 말했는데, 내가 이야기하는 'ᄒᆞᆫ사상'은 그러한 것(恨)이 아닙니다. 바로 우리 조상들이 정신적으로 이미 개발해놓은 그러한 'ㅎ' 밑에 아래 '·'자에다가 'ㄴ'을 한 'ᄒᆞᆫ사상'···. 크다·많다·우리다·하나다·으뜸이다·꼭두다(꼭대기다)··· 이러한 뜻의 'ᄒᆞᆫ사상'입니다. 그래서 이 'ᄒᆞᆫ'이라는 말은 '한' '찬' '칸' '간' '가한'··· 다 같은 겁니다.

중국의 '漢' 나라라는 '한'도 우리말의 'ᄒᆞᆫ'에(서) 나오는 '한'이고, 우리 '한국'이라는 이 '韓'도 거기서 나오는 'ᄒᆞᆫ'이고, 또 사람이름을 부를 때, 옛날 황제나 왕이나 어느 우두머리를 부를 때, 징기스'칸'처럼 반드시 '한' '찬' '칸' '간' '가한'···들이 들어갑니다. 한문 발음으로는 성길 사'한'(汗)이지요. 그리고 신라 때나 고대(동서·남북) 황인종의 (부족·국가) 직책을 보면 '한' '찬' '칸' '간' '가한'···. 이게 다 'ᄒᆞᆫ'이라는 '훈'사상 말속에서 나온 우리말에 하나다 · 많다 · 크다 · 우리다 · 덩어리다… 이런 뜻속에 수리학 *1 · 3 · 5 · 7 · 9*가 형성이 되는데, 우리 민족이 제일 좋아하는 게 '*3*'수리입니다. 씨름을 하더라도 *3*세판, 윷을 놀더라도 *3*세판, *3*세판에 결정지우는 게 우리(동이 조선) 민족입니다.

*3*은 처음이나 마찬가지예요. 그래서 우리는 *1 · 3 · 5 · 7 · 9*를 상당히 좋아하는 민족인데요, *1 · 3 · 5 · 7 · 9*속에서는 중간(홀수) 수리기둥이 '*5*'입니다. 이걸 말씀드리려고 지금까지 내가 빗나가는 말씀들 드렸습니다. *1 · 3 · 5 · 7 · 9*의 중간 기둥수가 홀수 '*5*'입니다. 그래서 이 '*5*' 기둥 홀수리가 일본으로 건너가서 *5 · 7*조(*3+4*조)가 되어 일본의 정형시(하이쿠)가 형성이 되었는데, 다시 우리 개화기에 *3 · 4 · 5*조 정형시로 선배들이 (일본에서) 거꾸로 수입을 해 *3 · 4 · 5*조를 실험했지요. 최남선 이광수, 이런 분들이 *3 · 4 · 5*조를 개척하려고 애를 쓰고, 정형시로 개발하려고 애를 썼는데, 실패했습니다.

시조는 개화기에 일찌감치 고시조에서 우리 현대 시조로 개척했을 때, 여러 사람(불과 *5 · 6*명)들이 모여서 노력한 결과, 오늘날의 현대 시조가 됐습니다. 이런 상황속에서, 民謠詩 *3 · 4 · 5 · 6*조의 '*5*'(기둥수)를 내가 강조하는 건데요… 이 *1 · 3 · 5 · 7 · 9*의 중간 기둥수 율려 철학이 (홀수) '*5*'입니다.

그러면 '*6*'은 뭐냐? 서양 사람들은 *0*(제로)의 개념이 없었죠. 우리 동양에서만 제로의 개념으로서 철학을 정립하고있었습니다. 서양사람들은 자기가 보는 것 외에는 인정하지를 않아요. 과학적이고, 사고적이고, 합리적인 사고만 하고있어서 그런지, 현상적으로 증명되거나 보이는 것 외에는 믿지를 않습니다. 시에서 눈물(을) 흘려도 그이유가 없거나, 눈물 흘릴 만한 합리적인 시가 안되어있으면 그사람들은 별거 아닌 것처럼 (취급해) 감동하거나 그시를 믿지않습니다. 또 그런 (恨) 시를 시로 생각하지도 않고.

그러니까 서양시들은 상당히 사고적이고, 과학적이고, 지적인 이유가 거기에 있죠. 왜? 이사람들은 애초에 '*0*'의 개념, 제로의 개념, 없는 것도 있다는 것을 못 본 거죠. '0'의 개념이 바로 '씹'(10)입니다. 동그라미이자 바로 '구멍'의 모성입니다.

1·3·5·7·9의 아홉 수. 우리 조상들은 아홉 수를 이세상 마지막 수로 생각했습니다. 아홉 수가 마지막 수입니다. '아홉 수를 조심해라. 아홉 수를 조심해라.' 민간에서는 이 아홉 수를 큰변수로 알고있습니다. 역학에서도 그러하지요.

내가 이때까지 자라오면서도 아홉이 되었을 때, 열아홉 때도 자살을 꿈꿨고, 또 실제 자살을 하려고 고향앞산에 올라가 언덕끝에 서본 적도 있고, 29·39·49·59… 가만히 생각해보니까, 49·59… 이 아홉에 결정적인 변화와 그에 따른 수난이 심했던 것같습니다. 사람들을 살펴보면 이 아홉 수에 많이들 달라져요. 직장을 그만 두든가, 뭐 (사업을) 엎든가, 새로운 계기가 마련되든가, 자기 가족 중에 누가 이별하든가, 이혼하든가, 결혼을 하든가, 이사를 가든가. 아홉 수에 상당히 인생 8자 변화가 심합니다. 이 아홉 수가 마지막 수이니까…. 그래서 아픈 사람들은 이 아홉 수를 특히 조심해야 해요. 이 아홉 수에 많이 다치거나, 죽거나, 이별하는 사람들이 많습니다.

주나라 때 형성되어서 완성한 게 '周易'입니다. 우리 동이 조선족 혈통이라면 이걸 그냥 '주역'이라 그러면 안돼죠. '易學'이라고 해야 합니다, '역학!' 3·4·5·6조의 기본조가 1·3·5·7·9에 수리학의 기둥인 홀수 '5'를 중요시합니다. 그래서 '5'행 '5'항이지요.

시조에서도 맨종장에 3·5·4·3처럼 '5'가 꼭 기본(기둥)으로 들어가 있습니다. 초장·중장·종장으로 준비해서 마지막 종장으로 마친 거니까, 3장 끝장에서 결론으로 내리는 것이니까. 그리고 '3'이라는 수는 시조에선 꼭 '3'으로 시작을 해서 맨마지막 종장에 가서, 시작했던 것처럼 마지막 '3'·5·4·'3'으로 끝냅니다.

왜 그러면 시조에서도 '3'을 (각장에서) 중요시하고, '4를 중요시하고, '5'를 종장 기둥수로 세워서, 기둥(가락·장단)으로 못박아 3·'5'·4·3으로 끝내느냐? 그렇다면 시조에서는 '6'이 어디 있느냐? 3·4·5는 분명히 시조 형식속에 (보이게) 들어있지요. 그런데 '6'은 어디 있느냐? '3'이 곧 '6'('3+3')입니다. 바로 1 · 3 · 5 · 7 · 9에 1은 '3'이요, '3'은 '6'이고, '6' 플러스 '3'은 '9'…. 또 '3' 곱하기 '3'도 '9'….

이렇게 수리가 흘러가기 때문에 시조에서 보면 초장 '3'이 중장 '3'으로, 중장 '3'이 종장 '3'으로, 종장 앞뒤(3+3) '6'과 초·중·종장 앞 3 X 3=9가 곧 '3'인데, 이 '3'이 종장 마지막 3으로 변해 전부 3 · 3 · 3 · 3… 이렇게 넘어가면서도 서로 앞뒤가 물려있어요. 그래서 이소리와 장단, 이미지(心象)까지도 '3'의 수리가 바로 앞뒤 '3'하고 다시 연결되어있으면서 '6'을 숨겨놨으니까, 기둥수 '6'(짝)이 들어있는 2 · 4 · '6' · 8 · 10… 아까 제로(10=0)의 개념은 눈에 안보인다고 그랬죠. 그러나 1 · 3 · 5 · 7 · 9수는 다 보입니다. 그렇지만 2 · 4 · 6 · 8 · 10은 (그림자 짝수로) 눈에 잘 안보입니다.

이러한 개념의 숫자에서 제로(0)의 개념이 바로 10(10=0)이라는 '구멍'(모성) 숫자입니다. 우리말에도 그냥 '십'(10)이죠. '10'은 뭡니까? '0'(동그라미)이면서, '구멍'이면서, '여성'입니다. 여성을 '10'이라고 그래요. 이 '10'의 개념은 제로(0)의 개념입니다. 제로의 개념…. 남성이냐? 여성이냐? 여성의 개념입니다. 이 '10'이라는 제로의 개념 숫자가 여성을 뜻합니다.

이제 2 · 4 · 6 · 8 · 10…. 이 '10'의 짝수는 제로의 개념이면서, 2 · 4 · 6 · 8 · 10의 중간 기둥수는 뭡니까? 서양인들이 요렇게(가운데 손가락만 편 채 주먹을 번쩍 들어 위로 올리며) 표현하는 게 뭡니까? 바로 중간 기둥수인데, 2 · 4 · 6 · 8 · 10의 기둥수는 '6'이에요, '6'. 안보이는 '6', 안보이는 '10'입니다. '6'은 모성이죠. '6'은 '9'같은 '남성'이 아니고. 저는 이 '6'을 박용숙 씨하고 '천부경' 강론을 듣고, 또 신라 충신 박제상이 쓴 '징심록'의 律呂, 율려 사상에 대한 글을 읽고, 그글속에서 '6'의 짝 수리 개념을 확실히 깨달았습니다.

이때까지 이광수나 최남선이나 이사람들이 3 · 4 · 5조까지만 하고, ('천부경' 수리의) '6'을 발견 못했어요. 그 '6'의 개념, (짝의) 기둥수 '6'의 개념…. 2 · 4 · 6 · 8 · 10의 기둥수 '6'의 개념이 우리 민족의 수리학 개념으로선 홀수 기둥 '5'를 받쳐주는… 짝수기둥 '6'의 개념이 돼야 모든 장단가락이 자연스레 흡수되고어우러져 (소리가) 성립되는 건데, 이운율을 그분들은 발견을 못했어요. 저는 이걸 (짝수 기둥 '6') 발견했습니다!

그래서 '6'의 개념을 '5'에, 1·3·5·7·9의 기둥수에, '5'의 개념에다가 딱, '6'을 (5뒤에) 받쳐주면 '7'은 필요없는 '덤'(3+4)입니다. '7'은, 우수리 '7'은 필요없어요. 왜 '7'(3+4)이 필요합니까? '6'다음에? 우리 정형 장단가락, 모든 춤사위나 이 소리·몸짓을 따질 때 '6' 다음 '7'은 필요없어요. 뭐냐! 역시 아까 3이 돌아가 친다고 했죠? '6'이 발생된다고 했죠? 그래서 '7'의 개념은 어디에서 오느냐? 돌아친 3+4조가 '7'입니다. 3·4조가 '7'조예요. 이 '7'조 개념이 굉장히 중요합니다. 3·4·5·6까지는 설정을 시키고, (일본에서 좋아하는) '7'은 버렸어요. 오랫동안 망설이며 고민하다가 '7'은 결국 3·4조가 대신 역할을 하고있어 버렸는데, 결국 내가 깨달아낸 게 " '7'은 덤이다! 공짜다!"라는 겁니다.

서양에서는 이 '7'이 럭키 세븐입니다. (공짜 행운의) 럭키 세븐. 우리 동양에서는 공짜 수, 덤의 수인 '7'. 그 3·4조로 얼씨구 절씨구, 기분좋게 돌아가는 수는 덤의(행운) 우수리 수입니다. 그덤의 수('7')가 서양으로 넘어가서는 이게 럭키 세븐으로 둔갑해 개념이 '행운의 수'로 변한 겁니다. 그래서 우리 요일도 7일 간 7요일이죠. 7일 간X7일 간=49일 간(4X9제)…. 창조의 법의 수가 또 반드시 '7'속에 들어있습니다. 이 덤의 행운 수리학이 바로 홀수 '7'인데, 이 '7'의 홀수 개념은 결국 짝수 '6'을 도우면서, 1·3·5·7·9로 '6'을 도우면서 '7'은 결국 (다시) 3·4로 써먹힌 거예요. 3·4 때문에 5·7조(3+4)가 중요시 되는 겁니다.

2.

그래서 이러한 우리의 장단 가락이, 소리가, 음보가 일본으로 넘어가서 일본의 '萬葉'이 되고, 일본의 '만엽'속에서 다시 정형시 '하이쿠'(5·7·5조=17자) '단카'(5·7·5·7·7조=31자)로 발전이 됐습니다마는,

그러나 시인 洪潤基 씨가 일본(고대) 역사나 역사·문화에 얽힌 고전문학 이런 걸 연구하기 때문에, 洪潤基 씨의 학설에 의하면 '일본의 정형시는 백제의 王 仁 박사가 처음 썼다.' 그정형시를! 그래, (일본) 역사책속에서 '難波津歌'를, 王 仁 박사가 처음 쓴, 일본의 처음 정형시 '難波津歌'를 인용까지 해가지고 洪潤基 씨가 고증했어요. 그래서 저도 그걸 보고 일본 정형시는 고대 한국에서 건너갔다는 사실을 인정할 수밖에 없었습니다. 王 仁 박사가 일본으로 가지고 가서, 결국 일본 정형시를 처음 써서 역사 기록에 그대로 남겨두고있는 거예요.

물론 '만엽' 형식이 이쪽(日)으로 (7·5조) 가사들 전부다 건너가 나중에 서로 어우러져 결국 일본의 '단카'(短歌)와 하이쿠(俳句)라든가, 여러 가지 트롯 풍 시가 대중 노래로 발전했습니다만, 일본의 정형에 있어 제일 짧은 자수로는 결국 17자(5·7·5조) '하이쿠'입니다.

그런데 내가 개발하고 개척한 것은 3·4·5·6조, 즉 ('하이쿠'보다 한자 더 많은) 18자입니다. 내가 시조를 시집 한 권 분량을 써봤지만, 이시조 3장 6구 가지고는 아무리 써봐야 현대 감각, 현대적인 어떤 문명 문화의 비평 언어라든가, 이런 상황 역사 의식 문제, 이런 것들을 모두 다 수용해 놓고 볼 때, 도저히 시로선 다 표현이 안돼요. 시조에 넣어써(用)도 3장 6구에 넣어도 표현이 어색하기만하고 시로 잘 녹아들질 않아요.

그런데 참 이상하게도 3·4·5·6조에 갖다넣어놓고 추임새(여기서는 거듭장단)까지 쳐대니까, 역사 의식이든 상황이든 문명·문화 비평 언어든 뭐든지 다 어울려들어요. 우리 생각, 우리 장단 가락 모든 것을 3·4·5·6조속에 넣어서 녹여쓰면(民謡詩로는) 안넘어가는 것(소리·장단·가락·뜻)이 없습니다. 그러면서도 호흡·장단 가락이 맞고…. 그래서 3·4·5·6조를 확정(1976.10.14.)짓고는, 처음 '3·4·5·6조'라고 해서 제일 먼저 '心象'지(1980.9.)에 발표(2편)를 했죠. 그게 '80년대 초일 겁니다. 그다음 '3·4·5·6조' 연작시를 '詩文學'지(1983.2.)에도 상당히 많이 발표를 했어요. '韓國文學'지(1983.10.)에도 발표하고, '竹筍(1984. 제18집.) '白華文學'(1983.7.31. 제10집) '月刊文學'(1994. 12.) '自由

文學'(1999.봄. 제31호.)에도….

'한국 일보' 문화 센터에서 제자들한테 강의를 하면서도 늘 '民調詩', 여기에 대해 강의를 하면서, 처음 그때는 '民調'라는 말을 붙이지 못했습니다. 그러다가 내 기억에는 '89년 연말이던가? '90년 촌가? 그때 강의를 하면서, 그자리에서 번쩍 떠오르며 생각나는 게 백성 '民'자, 율조라는 고를 '調'자, 時調라는 '調'자… '民調'라고 붙이는 게 좋겠다! 그런 생각이 문득 떠올랐어요.

그때 그자리에서, 강의를 하면서, 앞으로 내가 '3 · 4 · 5 · 6조'를 '民調詩'라 명명하겠다고 한 적이 있습니다. 그자리에서 강의를 듣던 사람은 이자리에 한 명도 없습니다만, '民調詩로 하겠다!' 해서 '한국 일보' 문화 센터 흑판에다가 "백성 '民', 고를 '調', 글 '詩' " 이렇게 써서 명명했습니다. 그냥 '民調'라고도 할 수 있는데, '民調'라고 하면 흡사 時調와도 비슷하고, 너무 그쪽에만 본보고따르는 그런 감이 들고, 또 時調 쪽에서는 民調라고 하면 같은 시조끼리 어떻게 생각할까, 그런 것도 감안을 했고. 그리고 '民調'를 현대 감각적으로, 현대시 못지않게 감각적으로 표현을 하기 위해서는 결국 이름에 '詩'자를 넣어서 '民調詩'라 하는 게 좋지않겠는가! 그래 '民調詩'라고 이름을, 명찰을 (처음) 단 겁니다. 물론 '民調'라고 해도 틀린 것은 아니죠 '民調詩'라고도 하면서….

그뒤에 계속 민조시 얘기를 하면서 우리 제자들한테 권유를 했지요. 그쪽에 적성이 맞는 사람은 그쪽으로 지도를 해줬어요. 그래보니, 자유시보다 훨씬 빨리 돼요. 지금은 '民調'를 내가 직접 지도하고 있는데, 이분들은 다 자유시를 쓰던 사람들입니다. 자유시의 벽에 부딪혀있는 사람들 같아서, 이쪽으로 가르치니까, 굉장히 빨라요. 발전이 빨라요. 물론 형식이 짧은 데다가 장단 · 가락도 그렇고. 쓰는 요령하고 약간의 형식미와 시어사냥 이런 것, 여러 가지 기교, 터득만 시켜주고 쓸 수 있다는 자신감만 붙여주면 '民調詩' 3 · 4 · 5 · 6조를 쉽게 써요.

그래서 제자들에게는 요새 단수를 주로 뽑으라고하고 있어요. 제일 먼저 이단수에 대해, 단수만 쓰라고 지적해 준 분이 文德守 선생이고, 여기 온 문학 평론가 新 毫 선생입니다. 초창기 때 文德守 新 毫 두 분이 民調詩에 너무 추임새를 넣어가지고 계속 3·3·4·4··· 그러니까 자유시하고 비슷해져서, 이게 정형시라는 맛이 언뜻 안떠오르고 하니까, 단순하게 단수로써 3·4·5·6으로 써 딱 맞춰서 끝내고, 그렇게 해나가는 게 오히려 정형시답고 좋다! 성공하려면 그쪽으로 나가라! 이렇게 바로 文德守 선생이 충고를 해주신 거고, 또 新 毫 선생도 그문제를 평론으로 써서 발표했기 때문에, 보니까 단수 주장 그걸 쓰셨더라구. 3·4·5·6의 그단수, 단수로 된 평시조처럼 쓰는 게 좋겠다는 내용, 이게 내 '3·4·5·6조' 시집평에 거기, 연작 열 편을 한 편으로 만들어 쓰는 게 좋다고 했습니다. 앞으로 짧은 단수, 그쪽 분야로 그걸 계속 써주었으면 좋겠다는 지적을 했더라구요.

그래, 요즘 와서 나도 그렇게 생각을 합니다. 내 제자들한테도 이제, '단수 3·4·5·6으로 끝내라!' 그러려면 깊은 공부, 선공부도 하고, '만공' '경허'의 선에 대한 시와 이분야에 대한 시조집도 다 읽어보고, 선 공부도 본격적으로 하고. 정말 3·4·5·6으로 좋게 끝내라. 그게 앞으로 공부하기도 좋고, 쓰기도 더 좋고, 새로 배우는 사람들한테도 헷갈리지않아 좋다.'

그러나 나는 3·4·5·6조에서 거듭 추임새하는 것을 포기는 못합니다. 쓰기는 3·4·5·6조 단수로 쓰되, 겸해서 복합적으로 추임새도 같이 쓰는 걸 생각하고 있습니다. 왜냐하면 저는 연극을 공부했기 때문에, 4물놀이, 우리 모든 판소리, 우리 가락들 전부 다 거듭장단 했습니다. 우리 민족의 장단 가락·소리 음보·춤가락···. '사위'를 거듭거듭 치게 되는 이추임새···. 이게 또 형식적인 면에서 우리 민족을 이때까지 지배하고 있었어요(거듭 반복 치는 것···.).

그러니까 우리 소리 음보 말마디에서도, 계속 소리가 거듭되는 게 많습니다. 시조는 3장 6구 12음보로 되어가지고 그대로 거듭하고, 엇시조나 사설 시조에서도 거듭을 계속 쳐주고있지만, 民調詩에서는 그러면 어떻게 할 거냐? 3·4·5·6조를 자유 자재로 쓴다, 3·3이나

4·4 혹은 *5·5*로 거듭 칠 수 있고, 결론 부분 '*6*'도 거듭 칠 수는 있습니다.…(중략)… 가령 '*6*'으로 마감을 했을 때 뭔가 조금 부족하다, 마감은 됐긴 됐는데, 조금 부족하다싶으면, 또 더 세게, 더 깊이 있게, 더 좋은 구절로 또 '*6*'을 다시 한 번 더 쳐줍니다. 쳐서 막아주면 위엣게 저절로 더 효과적으로 살아납니다. 그래서 결론 부분인 '*6*'도, 마지막 결론 부분에도 장단·가락 음보를 더 쳐주자, 이와 같이 時調를 내 제자들에게 가르칠 때도 '종장 충첩을 해봐라!' 그래, 종장 중첩을 많이 하고있습니다.

그중 대표적인 사람이 李周南 시조 시인입니다. 李周南 시조 시인은 '동아 일보' 신춘 문예 '*86*년에 시조를, 박재삼 이우종 두 분이 뽑아 당선을 해 문림(문단→文林으로.—편집인 주)에 나온 시조 시인인데, 이분은 '한국 일보'사 문화 센터 시절 초기에 시조를 나한테 배웠어요. 지금도 李周南 씨의 시조를 보면 첫종장 중첩이 참 많이 나옵니다. 그러니까 저는 시나 時調나 民調詩에서 중첩을 상당히 많이 활용을 해서 쓰는 편인데요. 물론 중첩을 안쓰고 단수로써 民調詩를 깨끗하고 깔끔하게 해내면 그이상 바랄 것이 없지요. 그러나 쓰다보면 뭔가 부족하고, 써 놓으면 뭔가 또 더 추가하고싶은 게 있고, 그럴 때는 서슴없이 중첩을 씁니다. *3·4·5·6*속에서 거듭되는, 말하자면 음격은 역시 연극 쪽이나 우리민족의 말사위·춤사위나, 이런 춤과 말사위속에서 어떤 음보를 거듭치는 장단 가락이라 생각하고, 저는 그걸 적절히 허용하고 있습니다. 그러나 요즘 가르치는 제자들한테는 '될수록 *3·4·5·6*으로 끝내라! *3·4·5·6*으로만 끝내도록 해라!' 하니까, 그사람들도 상당히 가벼워하고 그렇게 끝을 냅니다.

그러나 저뒤에 앉은 金進中 씨의 民調詩는 굉장히 깁니다. 우리 자유시·장시만큼도 길게 막 쓰고 그래요. 그걸 일일이 *3·4·5·6*으로 맞춰가지고 쓰는데, 내가 부탁할 것은 金進中 씨도 앞으로는 너무 길게 사설적으로, 그리 힘들게 쓰지 말고, 그냥 *3·4·5·6*으로 아예 끝내는 방향으로 좀 써주기를 바랍니다.

또, 呂閏東 시인도 있는데, 역시 民調詩人입니다. 呂閏東 시인은 民

調詩人으로, 조금 있으면 시집이 나옵니다. 民調詩를 민족 문화·역사 문화 쪽 공부를 많이 해서, 그쪽의 것을 녹여 民調詩에 수용을 하고있고, 우리 민족 문화 정신의 전통적인, 말하자면 뿌리와 기둥으로 이어주는 그러한 역할을 呂闉東 시인이 하려고 지금 노력하고있는 걸로 압니다.

民調 시론에 대해 내가 드릴 말씀은, 사실 내 시집속 책머리 서문격으로 이정형시 民調詩 개척 선언문안에 모두다 들어있습니다.
아래에 첨부해 놓았습니다. 참고하시기 바랍니다. 감사합니다.

3.

새정형시 民調詩(*3·4·5·6*調) 개척 선언문

民調詩란 무엇인가? 우리 한민족의 민간 장단으로 흘러내려오는 율조의 소리마치를 문자의 뜻위에 얹어 빌어쓴 정형시가 곧 民調詩이다.

民調詩는 왜 새로운 정형시인가? 우리말의 소리마디를 *3·4·5·6*調의 정형률에 맞춰쓴 새로운 시이기 때문에 우리 민족 문학사에서는 처음으로 시도해보는 정형시이다.

民調詩의 정신인 사상 배경과 *3·4·5·6*조의 정형 율격 근원은 어디에 그뿌리를 두고있는가? 새정형시인 民調詩의 사상적 배경은 한민족 고유의 정신 문화 유산인 'ᄒᆞᆫ'사상에 그밑바탕을 펼쳐두고있으며, 정형 율격 수리의 *3·4·5·6*조는 한민족의 철학인 수리학에 그 연원을 두고있다.

民調詩의 새정형 자수율을 왜 *3·4·5·6*조에만 걸어둔 채 정형시로 정착시키려하는가? 한민족의 수리 철학은 허수와 실수의 *1·3·*

5·7·9이며, 또 2·4·6·8·10의 '10'은 '0'(제로·+)의 개념으로 설정되어있다. '1'(하나)은 곧 '3'(셋)이며, '3'(셋)은 끝수인 '9'(아홉)였다. '5'는 1·3·5·7·9 중의 기둥수리이며, '6'은 2·4·6·8·10의 중간 수리인 기둥수이다. 허수와 실수의 중심 수리인 '5'와 '6' 다음은 7이지만, 이 7은 우리 민족의 3·4조 말마디가 합해져 되돌아와 모여친 덤의 수리가 7(서양의 럭키세븐)이다. 그러므로 7을 율조로 잡아 다시 '6'뒤에 새삼스럽게 설정하지않고, 3·4·5·6조로만도 충분히 우리의 정신 사상과 율조와 만상의 뜻을 말로 다 표현할 수 있기 때문에 기본 수리 '3'에서 '6'까지만 정형 수리로 설정하게 된 것이다. 이는 다 '天符經'이나－'한단 고기'보다 먼저 쓰인－박제상의 '징심록' 들에 나타난 한민족 고유의 수리학 원전에 근거한 것이다.

民調詩는 과거 우리 문학과의 정형 자수율 관계가 어떠한가? 신라 때의 향가나 고려 가요·가사 및 백제사람 王 仁이 개척한 '和歌'(일본 정형시)나 우리 가요가 일본으로 건너가 '萬葉'이 된 가요(일본 정형시의 원형)나 조선조의 時調·가사·판소리에 이르기까지 다 그소리의 장단·가락 음수율을 짚어보면 결국 3·4·5·6조로 구성돼 있음을 알 수 있다. 그러나 선인들은 시조 부문 하나만 이땅에 겨우 민족 정형시로 정착시켰을 뿐이다.

최남선 이광수 등은 일본 정형시(7·5조)의 영향(역수입)을 받아 '3·4·5조'를 이땅 정형시로 정착시키려고 애써 실험했지만, 그분들은 '天符經' '징심록'('符都誌'로 번역되어 나옴.—편집인 주)들의 허수와 실수에 작용하는 수리 '6 기둥수'를 발견해내지 못해 안타깝게도 실패하고 말았다. 3·4·5·6조는 우연의 일치이지만, 바로 위와 같은 3·4·5조에 내가 '6'의 기둥수리를 발견해낸 다음 다시 3·4·5·6조로 정착시킨 새정형시이다.

民調詩는 조선의 정형시인 時調와는 어떻게 다른가? 시조는 초·중·종장인 3장 6구(3·4/3·4//3·4/3·4//3·5/4·3)로 된 정형시이지만,

살펴보면 모두 3·4·5·6조로 집합 구성되어 있다. 처음 하나(1)인 '3'으로 시작해서 '3'으로 끝난다. 이 '3'의 수리는 '天符經' 천·인·지(○△□)의 사상인 그 3신 사상의 '3'철학이다. 초·중·종장 첫머리도 '3'으로 시작하고, 구마다 첫머리 자수 '3'도 처음의 '1'(하나)인 '3'으로 시작한다. 초장 첫머리 '3'과 중장 첫머리 '3'도 합하면 '6'이요, 중장·종장 역시 '6'(3+3)에, 초·중·종장 첫머리 합이 '9'(3+3+3=끝)이다. 초장 첫머리 첫구도 '3'이요, 둘째 구도 '3'이다. 종장 마지막 3수리와 만나면 6수리가 되고, 이 '6'은 다시 종·중·초장 첫머리 수리와 음악적으로 화합하면 각각은 9수리(끝)가 되는 수철학 구조다.

시조의 기본 음보인 3·4조와 종장의 5수리 구조가 곧 3·4·5조 율격 구성이며, 초·중장의 기본조인 3·4조를 합하면 7조가 된다. 결국 시조도 말마디 리듬을 분석하면 말머리의 위치만 다를 뿐 역시 3·4·5·6조의 구조로 짜여져있다. 民調詩와는 구성상 그형식만 다를 뿐이다.

우리 민족의 정형시인 時調가 있는데, 왜 또 정형시 民調詩를 새로 개척하는가? 무릇 시의 형태는 시대가 지나면 변하는 것이 순리이다. 지금 時調도 많이 변했다. 그러나 3장 6구의 자수(약 43자 내외)가 일본 정형시에 비해 너무 글자 수가 많을 뿐 아니라, 현대 문명·문화 언어를 이시조에 수용했을 때는 시가 잘 되지않는 약점이 있다. 시조가 이러한 점들을 현대 감각적인 민족시로 소화시켜내기엔 그형식면에서만 보더라도 너무 벅찬 듯하다.

그래서 나는 향가·여요·판소리·가사·시조… 들의 정형 율조 구조를 과학적으로 분석해낸 컴퓨터칩(예 : 64KD램→64괘 4차원 수리학 응용 후 성공함.)의 수리 집합·분산 원리처럼 우리말마디의 수리를 3·4·5·6조로 民調詩語群에 수용할 경우 자유로이 집합·해체할 수 있는 장점이 있어, 이새정형시를 개발한 것이다. 民調詩에는 아무리 어려운 현대의 문명·문화 비평 언어가 시어로 새롭게 끼어든다고 해도 하나 어색하지않게 시적 효과를 나타낼 수가 있다.

民調詩의 또 한 가지 장점은, 불과 18자로 시 한 수를 뽑아낼 수가 있다는 점이다. 日本의 짧은 정형시(17자)의 자수와 거의 비슷하다. 그러나 각 말마디마다 얼마든지 거듭 우리의 소리말 장단에 추임새를 매겨 중첩으로 계속 쓸 수 있음도 그형식에 매인 시조와는 다른 자유로운 언어 세계의 정형시라고 할 수 있다.

—— 4333('00). 6.26. '自由文學' 편집실에서.
一愚 申 世 薰 志

(정리한 인용문 원본엔 바로위의 연도·날짜·시간·장소·이름 2행 생략됨.—편집인 주.)

제1부 통일꽃

참꽃

통일꽃

한봄꽃

늦봄꽃

나라꽃

여자코는 개코

남남 북녀꽃

반달꽃

부시네 간판

통일세

참 꽃
——民 調 詩 · *129*

아 목련 北鄕 꽃궁 진달래보단 더 아아헌 참꽃.

——한기*10945*(단기*4341*:공기*2559*:불기*2552*:서기*2008*). *3.22. 18:15.* '我山齋'에서.
→동.*3.23.9:00.*개작.→동.*6.5. 22:40.* 개작.

'한국 현대시'(*2008. 6.30.* 상반기. 제*3*호.)
'한국 크리스천 문학'(*2008. 8.25.* 제*39*호. 초대시.)

통 일 꽃

——民 調 詩 · *130*

이 한봄 이덧 밝혀 웃는 진달래,

아

목련

무궁꽃.

——한기*10945(4341:2559:2552:2008). 3.23. 09:15.* '我山齋'에서.→동.*6.5. 22:45.*개작.

'한국 크리스천 문학'(*2008. 8.25.*제*39*호. 초대시.)

한 봄 꽃
——民 調 詩 · *131*

아 한봄 통일꽃은 피긴 핀다만,

늦자초피는

봄.

——한기*10945*(*4341:2559:2552:2008*). *3.23.* *09:30.* '我山堂'에서.→동.*6.5.* *22:50.*개작.

'창조 문예'

늦 봄 꽃
——民 調 詩 · *132*

목련꽃 무궁꽃도 피긴 피지만

늦바람핀 얼꽃.

——한기*10945*(*4341:2559:2552:2008*). *3. 23. 09:45.* 과천 '我山堂'에서.

'코리아 문학'(*2009. 12.12.*겨울. 창간호.)

나 라 꽃

——民 調 詩 · *133*

봄매중 나라꽃봉 눈먼 얼분꽃, 벙어리 반쪽꽃, 귀잡순 통일꽃.

——한기 *10945*(*4341:2559:2552:2008*). *3.23.* 午時. 과천 '我山堂'에서.

'코리아 문학'(*2009. 12.12.*겨울. 창간호.)

여자코는 개코
——民 調 詩 · *134*

여자콘 개코 중에 사냥개코에 주인 무는 쌍코.

——한기*10945*(*4341:2559:2552:2008*). *3.23. 12:20.* 과천역 승강장에서 혜화역 행 전동차를 기다리며.

'대한 민국 詩書文學'(2010.봄.제7호.)

남남 북녀꽃

——民 調 詩 · *135*

1.

남녘꽃 햇빛꽃(태양)은 다물뭍엣꽃

보름밤 無極花 .

2.

북녘꽃 달빛꽃(태음)은 보름뱅이꽃

도리강 無宮花 .

3.

天花야, 地花子 봄

동그래미얼 선뱅이 반편봄,

무궁꽃 온편봄.

——한기*10945*(*4341:2559:2552:2008*). *3.25.* 於'我山堂'. 결혼 *41*주년 기념일 正子時에 써서 통일될 내일의 조국에 바친다.→*10945. 6.5. 23:10.* 개작.→*10946. 1.3.* 己丑年 정초 과천 '我山堂.'에서 마지막 되고.

'문예사랑'(*2009. 9.8.*제*3*호.초대시.)

반 달 꽃

民 調 詩 · *136*

불알꽃 개불알꽃 반 쪽씩 달랑 반편꽃 통일꽃.

——한기*10945*(*4341:2559:2552:2008*). *3.25. 09:13.* 於'我山堂'.

'한국 현대시'(*2008. 12.30.* 하반기.제4호.)

부시네 간판
——民 調 詩 · *137*

'생등심' '장터곱창' '무쇠구이'는

부시

통령구이.

*'생등심' '장터곱창' '무쇠구이' : 내 사무실 뒷골목 가게 간판들. 서울 종로 명륜동 4가 77-2. 부근 4거리 성대 입구쪽 길가 먹거리집들. '옛찻집'(民調詩人 서 향 경영) 가는 길목 '작가 폐업'(소설가 배평모 경영) '마리안느'(시인 · 소설가 이제하 경영) 앞거리 옆골목 간판들.

——한기 *10945(4341:2559:2552:2008). 3.30. 14:24.* '옛찻집'에서.

'문예사랑'(*2009. 9.8.* 제3호.초대시.)

통 일 세
——民 調 詩 · *138*

수도세(소변) · 소득세(대변)나 개스(방귀) 요금은 남남 북녀 身稅(몸세).

——한기*10945*(*4341:2559:2552:2008*). *3.30*. *14:30*. '옛찻집'에서.

'大韓民國 詩書文學'(2010.봄.제7호.)

제2부 ——— 天宮도 나빌 땅

道 峯 · 3
——民 調 詩 · 139

꿈엔가
저 도봉이
옷 다 벗고야,

달밤에
별밤에.

———한기10945(4341:2559:2552:2008). 5.4. 18:30. 경. 남산 '8각정'아래 주차장'에서. 한국 현대 시협 '서울 명산의 숨결' 남산 '8각정' 중심 등산로 쉼터 걸개 시화전에 걸린 '도봉·1'을 본 文德守 선생이 퇴고 권고를 한 대로 고쳐 '도봉·3'으로 설정함.

'청마 문학'(2008. 9.30. 제11집.)

律　　呂 · *1*

——民 調 詩 · *140*

하늘놈 발가쟁이

맨땅년 울려

핏물깅 튀긴물.

——한기*10945*(*4341:2559:2552:2008*). *5.11.* 술시. 과천 '我山堂'에서.→*10945. 6.5. 23:25.* 개작.→*10946. 1.3.* 己丑 正初. 과천집에서 되고.

'한국 현대시'(2009.하반기. 갈결호. 제6호.)

律　　呂 · 2
——民 調 詩 · *141*

1.

東西론 나고숨고, 남북으론 불끈 솟구쳐 물빛덤 햇빛덤.

2.

동북방 서남방 *4*방 *8*방 *16*방으론 *32*방에 *64*방 열쇠.

3.

*3*각(△)엔
네모틀(□) 황제 *8*괘 *64*괘는
동그라미(○) 한(ᄒᆞᆫ) 쌍.

4.

소리(音)도 하늘울림(音響)
울림그늘(響影)엔
햇빛도 싹트고, 말씀도 자라나, 빛깔도 꽃피어, 계집(마고)과 살았다.

——한기*10945*(*4341:2559:2552:2008*). *5.11.* 석가 탄신일 전야 해시. 과천 '我山堂'에서.→*10945. 6.5. 23:35.* 퇴고.

'문학바탕'(*2010.1.* 권두시.)

亞細亞聯邦을 꿈꾸며
——民調詩 · *142*

1.

아시어 연방나라 꿈꾸는 얼은
하늘님 별천지, 한울님 꽃천지.

2.

東邦에 합궁꽃잎 피어오른 날
天帝도 ᄒᆞᆫ '一'자, 은하수 ᄒᆞᆫ '一'자.

3.

亞細亞聯邦國家 東方木花 꽃
天宮도 나빌 땅.

——한기*10945*(*4341:2559:2552:2008*). *6.5.* *22:20.* '我山齋'에서.→*10946.* *1.3.* 己丑 正初. 未時. 과천에서 개작.

'亞細亞文藝'(*2009.*여름.권두시.)

‘백담사’ 물목탁 · *1*
——民 調 詩 · *143*

‘백담사’ 여울목탁 다리꼰 보살

밤세워 어루는.

——한기*10945*(*4341:2559:2552:2008*). *8.12. 01:48.* ‘백담사’ 만해마을 ‘문학의 집’ 해우소에서.→*10946. 1.3. 13:50.* 과천 부림 주공@ *734-102.* ‘我山堂’에서 퇴고.

‘한국 불교 문학’(2009.제22호.)

'백담사' 물목탁 · *2*
——民 調 詩 · *144*

'백담사' 달물목탁 불덩이울음

발가벗고 잔다.

——한기*10945*(*4341:2559:2552:2008*). *8.12.* *01:55.* '백담사' '만해 마을' '문학의 집' 해우소에서.→*10946.* *1.3.* *13:59.* '我山堂'에서 퇴고.

'自由文學'(*2009.*겨울.제*74*호.) '果川文學'(*2010.*상반기.제*38*호.)

성서 독후감

——民 調 詩 · *145*

야소교 논밭골 다 매고 난 노을피밭엔 피박쓴 조선혼.

——*1987. 11.*경 쓴 걸 *1988. 1.* 달력 겉장에 임시로 옮김.→*10945*(*2008*). *5.12.* 석가 탄신일 과천 '我山齋'에서 원고지에 옮김(이시 메모 달력위엔 '드라머틱 몽타지 詩論'이란 문학 평론 제목 글귀도 적혀있었으나 그내용은 머릿속으로만 간직했을 뿐 지금껏 쓰진 못했음.).→*10945. 8.21. 11:40.* '自由文學'에서 民調詩로 개작.→*10946. 1.3. 14:20.* '我山堂에서 퇴고.

'청마 문학'(*2010.10.1.*제*13*집.) '소용도는 은하의 별들'
(*2010.*한국 현대 시협 사화집.제*32*집.)

우리나라 별빛
——民 調 詩 · *146*

아지매(阿知女) 별빛사뤄 이꽃 그렸네,

보리품앗이

따라따라 삐약.

——*1986. 11.4. 00:50.* 씀.→*1988.* '제일 은행' 달력 *1*월장밑에 적어놓은 초고를 *10945*(*2008*). *5.12.* 석가 탄신일 과천 '我山齋'에서 원고지에 옮김.→*10945. 8.21. 17:53.* '自由文學' 편집실에서 民調詩로 개작.

'自由文學'(*2009.*겨울.제*74*호.) '果川文學'(*2010.*상반기.제*38*호.)

조선손톱
——民 調 詩 · *147*

왼손톱 오른손톱 오린 눈썹달

곰 오른 반달은.

——*10945*(*4341:2559:2552:2008*). *8.29.* *11:15.* 출근길 혜화역 개찰구옆 컴퓨터 앞에서.

'自由文學'(2009.겨울.제74호.)

신애한가(新愛桓歌)
——民 調 詩 · *148*

1.

냇뫼엔 꽃비오네, 메냇자락 꽃비가 와
작년봄날 한 그루 낭구, 올봄엔 卍그루.

2.

동백산(冬白山) 봄날오면 온산 불콰해
하늘 섬긴 후, 꽃세상 피웠네.

——한기*10945*(*4341:2559:2552:2008*). *8.29.* *12:25.* *16*세 위나 단군(재위 서기전 *1611-1553*) 때 불렀던 '애한가'(愛桓歌)를 패러디 함. '애한가'는 '산에는 꽃이 있네. 산에는 꽃이 있네./지난해에 한 그루 심고 올해도 만 그루 심었지./불함산에 봄이오면 온산에 붉은빛/하느님(天神)을 섬기고 태평 세월을 즐긴다네.'(권태문의 '敬天愛民으로 나라 다스린 壇君王儉'—"*1.*'愛桓歌' 울려퍼지는 *16*세 위나 단군 태평 성대"조. '월간 殉國' 통권 *289*호. *2008.* *6.* *116*쪽.) 이다.→*10946.* *1.3.* *15:00.* '我山堂'에서 몇 자 고침.

'청마 문학'(*2009.6.15.*제*12*집.)

제3부 新黃鳥歌

이승바깥사는 슬픔삯
——民 調 詩 · *149*

하늘방 다못 노래 했다는 거야, 이승 승방 술래.

저승방 사는 눈빛 다 몰랐대야, 이승바깥살면.

——*1988. 2.* 씀.→*10945*(*2008*). *5.12.* 석가 탄신일 과천 '我山齋'에서 西山 閔庚甲의 '歡' 그림(*1986. 7.* 낙관. '제일 은행 '소장.)이 인쇄된 *1988. 1*·*2*월 장 벽결이달력 맨아랫칸 오른쪽 귀퉁이에 적어놓았던 단 두 줄 *1*연시 '나는 노래하지 못했다,/이곳에서의 삶을.'에서 *1*연 *2*행째를 '이승바깥의 삶을.'으로 고친 다음 *2*연 두 줄을 더 얹어 되고. 이시가 적힌 바로 옆엔 '금융'(*754 - 5414~361* · 이은관. 수필 *15*매.) '삼진'(*15*매) '농심'(*18*매) '오리표 상조'(*20*매) '작년 두 꼭지'(*16*매. *6.23. 17*매) '농심'(*9*매) '*27*만 *1*천 *5*백 원'이라 적혀있다. 이는 모두 윤채한 씨(원고 청탁 대행) 부탁으로 써준 회사 사보 게재용 수필이다. 윤 시인에게 원고를 맡긴 후 모두 원고 게재용 사보 책자를 받지 못해 작품을 잃어버렸다. 보관용 육필 사본 원고를 따로 준비하는 대신 윤 시인을 믿고 청탁받았다는 사보 이름만 일일이 적어둔 것. 언젠가는 잃어버린 원고를 찾을 수 있을 것같다. 원고료가 문제 아니라 작품 발표 잡지 보관용이 없어 문제다.→*10945*(*2008*). *6.6. 00:05.* 개작.→*10945*(*2008*). *8.21. 18:26.* 民調詩로 개작함.

'自由文學'(*2009.*겨울.제*74*호.)

땅하늘아침
——民 調 詩 · *150*

전동차 땅굴천장 빗방울내려 초파일 파(破)이다.

——한기*10945*(*4341:2559:2552:2008*). *11.29.* *11:30.* 안국역에서.

'自由文學'(*2009*.겨울.제*74*호.)

狗快貳 원
——民 調 詩 · *151*

1.

밥먹고 식사할까, 식사를 하고 밥반찬 먹을까.

2.

잠깐만,
밥을 먹고 반주를 할까, 반주 후에 쏠까.

3.

의장님,
소변보고 오줌을 눌까, 오줌누고 깔까.

꽃피면 춤추고,
새울면 잠잘까.

——한기 *10945(4341:2559:2552:2008). 12.30. 08:35.* 과천 '我山齋'에서.

'한국 현대시'(*2009.*상반기.제*5*호.)

중국의 심예란 女士에게

——民 調 詩 · *152*

(shenyilan29@hanmail.net : *09.2.11.*수*.18:34:30+0908.* 전자 우편에)

1.

강물이 얼어붙은 은빛유혹은
달빛이 수놓는.

2.

氷江이 숨죽여 흐르는 압록선달
두만강건너 등불 하나 켠다.

——한기*10946*(*4342:2560:2553:2009*). *3.20.* *17:35.* 申時. '自由文學'에서.

'한국 *P.E.N.*'(*2009.*여름.통권 제*91*호.)

복지부 문자 메시지 001
——民 調 詩 · *153*

'규칙적 운동으로

춘곤증 퇴치,

스트레스 방어, 저항력'* 키우기.

**2009. 4.29. 10:48.* '에버케어' 전자 편지 그대로 인용.
——한기*10946*(*4342:2560:2553:2009*). *4.29. 11:07.* '自由文學'에서.

'自由文學'(2009.겨울.제74호.)

놋 종 발
——民 調 詩 · *154*(童民調詩)

젓가락 한두 개로 종을 울리는
한아배 두리상.

——한기*10946*(*4342:2560:2553:2009*). *5.14. 15:30.* '自由文學'에서.

'自由文學'(*2009.*겨울.제*74*호.)

죽
——民 調 詩 · *155*

호박 넌 죽었다, 호박죽
꽃이었다, 호박꽃이
호박꽃앞엔 너도 퉁벌이다.

고인 꿀 많아 좋고
꽃가루가 또 천지삐까리다.

코베인 부처님이 좋아하신다,
돌무덤서도 살아난 예수
불켠다, 호박꽃.

좋았다, 섰다마다 하고는야
일본 건너간 신라 아지매(阿知女)
개할매들은 '卍'字 '十'字 좋다.

——한기*10945*(*4341:2559:2552:2008*). *1.10.* 대학로 '본죽'에서 호박죽을 먹으며.
→*10946. 5.18.* 子時. 民調詩로 개작.

'自由文學'(*2009.*겨울.제*74*호.)

허공중에 찍은 쉼표
——民 調 詩 · *156*

초사흘 눈썹달은

한 달 한 번씩 내가 찍는 쉼표.

——한기*10946(4342:2560:2553:2009). 7.16. 11:05. 4*호선 전동차로 출근하던 길에 충무로 역쯤에서.

'불교 문예'(2009.겨울.제47호.)

新黃鳥歌
——民 調 詩 · *157*

펄펄펄 날고있는 저꾀꼴새

날깃 한 쌍 암꾀꼴새 수꾀꼴새

이 외론 홀몸, 그뉘 함께 하리.

*'民調詩 · *158*'은 원고를 잃어버려 할 수 없이 이시집엔 수록하지 못함.

——한기*10946*(*4342:2560:2553:2009*). *7.7.* *18:50.* 立秋節. '自由文學'에서. 고구려 제*2*대 유리왕이 지은 '황조가'는 韓字 이두로 '翩翩黃鳥 雌雄相依 念我之獨 誰歸與歸'로 적혀 전해내려오고, 한글 번역으론 '펄펄 나는 저꾀꼬리／암수가 정다운데／외로운 나는／뉘와 함께 돌아가리.'로 돼있다. 맘에 들지않아 民調로 재해석해 다시 써본 것이다.

'강서 문학'

겨　울
——民調詩 · *159*

하느님 찬바람통 좀 꺼주세요, 발가벗고 자게.

——한기*10946*(*4342:2560:2553:2009*). *11.18.* *09:22.* '我山堂'에서.

'自由文學'(*2009*.겨울.제*74*호.)

제4부 — 기계는 거짓말쟁이

〈추 모 시〉

後光(廣) 金大中

——民 調 詩 · *160*

1.

달빛에

견줘봐도

後光 해무리,

한겨레 대칸꽃.

2.

햇빛에

비춰봐도

後廣 달무리,

황금꽃 당굴꽃.

3.

조선깔 쪽빛하늘 날던 소도새,

빨강볏 통일꽃.

——한기*10946*(*4342:2560:2553:2009*). *11.23.* 寅時. 과천 '我山堂'에서.

김대중 추모 시집 '님이여, 우리들 모두가 하나 되게 하소서'
(*2009.12.11.*도서 출판 화남.)

기계는 거짓말쟁이
——民 調 詩 · *161*

기계도 거짓말 해
거짓말쟁이 엘리베이터
'만원입니다, 맨나중 탄 분 내려주세요.'
내리기도 전 문을 닫고선 스르륵덜컹 올라가면서
거짓말을 해
내려간다고, 올라가면서
거짓말을 해 거짓말쟁이
컴퓨터 앵무야.

——한기*10947*(*4343:2561:2554:2010*).*1.4.21:20.*귀가길 '대공원' 역에서.→*10947. 1.5* (음.*11.21.*). *23:45.* 퇴고.

'自由文學'(*2009.*겨울.제*74*호.) '果川文學'(*2010.*상반기.제*38*호.)

形而中學 나라 朝鮮 · 1

——民 調 詩 · 162

하늘밑 ᄉᆞ람꽃 핀 ᄉᆞ람낡밑엔

땅평선 물평선.

——上元甲子8937+2010=한기10947(단기4343:공기2561:불기2554:서기2010).3.1.三一節. 卯時.

'시와 수필'(2010.제15호.경주.)

形而中學 나라 朝鮮 · 2
——民 調 詩 · 163

天(○:一) 人(△:二) 地(□:三)

天一二三

人一二三

地一二三,

'天地不仁'은 (以)'萬物爲芻狗'*[1]

'一始無始一' '一終無終一'*[2]

水木火土金*[3],

一	乾	天	幹	干	天
二	氣	人	中	心	人
三	坤	地	枝	支	地

,
,
,*[4]

上元甲子年에, 상시월 초사흘, 천제 울국 연 후, '秦韓亦曰辰韓.'*[5]

*1.노자 '도덕경'('제5관음장' 첫머리) 인용. '천지 세상이 어질지 못하고 모두가 개판인 것은, 이세상에 하도 개같은 인간이 많아서이다.'란 뜻.

*2.'天符經' 첫줄과 맨끝줄 인용.

*3.5행 · 5항:水生木 木生火 火生土 土生金 金生水. 水克火 火克金 金克木 木克土 土克水.

*4.一天 · 二人 · 三地를 뜻함. 二地 · 三人 즉 天地人이 아니라 天人地임.

*5.중원 史書에 '秦나라·韓나라 역시 말하자면 다 朝鮮(辰韓)'이란 기록이 있음. 즉 '중원땅 중국 역사는 모두 조선 역사'란 뜻. '山海經' 역시 중국 역사책이 아니라 조선 상고 역사책이다.

——上元甲子8937+서기2010=한기10947(단기4343:공기2561:불기2254:서기2010). 3.1. 三一節. 卯時. 태극기를 내다걸며.

'詩와 隨筆'(2010.제15호.경주.)

뿡!
——民 調 詩 · *164*

맑고도 향기로운 이방귀소리

내 몸 날으는 통일동그라미.

——한기*10947*(*4343:2561:2554:2010*). *4.16. 23:21.* 혜화 전철역에서 과천행 *4*호선 전동차를 기다리며 '*8-4*' 자리에서.

'문학마을'(*2010.*여름.제*43*호.)

새만금 도깨비

——民 調 詩 · *165*

새만금 생금바다 채전밭 쪼듯 헛제비*선 놈 불질러버리기!

*헛제비 : 허깨비 · 도깨비 · 허수아비. 분단 현실인 휴전선 국경 상황을 상징함.

——한기*10947*(*4343:2561:2554:2010*). *5.8. 18:20.* 현대 시협 회원 새만금 다녀오던 날 *4*호선 *3*각지 역에서.

'청마 문학'(2011.7.1.제14집.)

'스승의 날'에
——民 調 詩 · *166*

요즘은
'스승' 없어,

'선생'만 있어,

'스승의 날'을
'先生의 날'로 해.

——한기*10947*(*4343:2561:2554:2010*). *5.15.* '스승의 날' '가정의 날'이 겹친 날. 戌時 혜화역에서 果川行 *4*호선 전동차를 기다리며.

'自由文學'(*2011.*가을.제*81*호.) '큰오색딱따구리'(*2011.*현대 시협 사화집.제*33*집.) '義城文學'(*2011.*제*25*집.)

해방=통일→통일 공간=남북 공간=독립 공간
——民 調 詩 · *167*

'해방'은 일구사오(*1945*) 反解放空間

*8*월 *15*일 '순해방' 아닌 '통일 공간'이다, 순수 통일 공간?

전수 다 *1945*(일구사오) *8*월 *15*일 '광복 공간'을 '해방'으로 앎, 역사 의식 빵점, 빵점 문학 왜 해, 선비샌 앵무새, 선택 과목 나라*, 국어도 선택 땅!, 국사도 선택 꽝!, 이나라 광땡 꿈!

*선택 과목 나라 : 언제부터인가 우리나라는 영어를 필수 과목으로 정하면서도 우리 민족의 영혼이나 생명줄인 국어(문학) · 국사를 뒤로 돌려 선택 과목으로만 정해놓고서 이과목을 선택하는 학생에게만 따로 가르치고 있다. 자기나라 국어(문학)와 자기 민족 역사를 선택 과목으로 가르치는 이나라의 지도자들에게 묻고싶다. 언어와 역사를 앗기고나면 앞으로 한민족 장래는 누가 지켜줄 수 있을까, 시인은 묻고싶다.

——한기 *10947*(*4343:2561:2554:2010*). *7.10.* 子時. '我山齋'에서.

'民調詩學'(*2010.10.15.*하반기.창간호.)

男女無別*

——民 調 詩 · *168*

하늘놈 봄몽정에 땅엣년샅들 싹틔워 꽃잔치.

*男女無別 : '男女有別'의 반댓말.

——한기*10947*(*4343:2561:2554:2010*). *9.25.* 丑時. 과천 '我山堂'에서.

'民調詩學'(*2010.10.15.*하반기.창간호.)

며칠 전 파랑감이

——民 調 詩 · *169*

1.

며칠 전 파랗던 감

온

아침

황감,

하늘빛 더 쪽빛.

2.

며칠 전 노랗던 감

온

달밤

홍감,

갈

달빛

더 금빛.

——한기 *10947(4343:2561:2554:2010). 10.8. 09:45.* 과천 '我山堂'에서.

'民調詩學'(*2010.10.15.*하반기.창간호.)

제5부 統一詩經

仁寺洞
——民調詩 · *170*

사람(人)은, 두(二) 사람(人)은 남자와 여자(二) 하늘땅(二) 두(二) 사람(人).

연인들(人+二) 절동네(寺洞)에
'정치는 *4*류, 관료 · 행정 *3*류, 기업은 *2*류다.'(이건희)

'예술은 *1*류 *1*류, 문학은 특류'(我山)
절마을(仁寺洞) 연인들(人+二),
둘(二) 삶삶(人) 꽃이다,
셔블의 향기다,
꽃동네 仁寺洞, 安國洞 앞뜨락.

——한기*10948*(*4344:2562:2555:2011*). *3.10.* 驚蟄節. 我山堂.

'民調詩學'(*2010.10.15.*하반기.창간호.)

사 람 꽃*
——民 調 詩 · 171

仁寺洞 사람꽃은

하늘눈 내린 人乃天 무궁꽃.

*사람꽃 : 삶낡꽃 즉 삶나무꽃 : 생명나무꽃.

——한기10948(4344:2562:2555:2011). 4.5. 淸明節. '果山房'에서.

'안국역 지하 1층 타일 벽화시' '民調詩學'(2010.10.15.하반기.창간호.)

지축 바로서면 · *1*

——民 調 詩 · *172*

지구축 바로서면

신발 뒤집어

머리에 써야 돼.

——한기*10948*(*4344:2562:2555:2011*). *4.9.* *08:35.* 현대 시협 문학 기행 가는 길에 잠실역에서.

'民調詩學'(*2011.6.30.*상반기.제2호.)

지축 바로서면 · 2

——民 調 詩 · *173*

지구공 바로돌면

한네나라 도포자락 아랫도리는

소금물 다 잠겨.

——상동. *8.31. 17:30.* '自由文學'에서.

'民調詩學'(*2011.6.30.*하반기.제2호.)

지축 바로서면 · *3*

——民 調 詩 · *174*

조선은 낮은땅만 바다 잠기고

일본은 다 잠겨.

——상동. *8.31. 17:34.* '自由文學'에서.

'民調詩學'(*2011.6.30.*상반기.제*2*호.)

지축 바로서면 · *4*

——民 調 詩 · *175*

일본은 사라지고

조선 불붙고

중국 지땅붙고.

——상동.*8.31. 17:39.* '自由文學'에서.

'民調詩學'(*2011.6.30.*상반기.제*2*호.)

지축 바로서면 · *5*

——民 調 詩 · *176*

독도와 '동북 공정'

마라도까지

한 번에 해결돼,

中原 땅 불나면.

——상동. *8.31. 17:45.* '自由文學'에서.

'民調詩學'(*2011.6.30.*상반기.제*2*호.)

지축 바로서면 · *6*

——民 調 詩 · *177*

무궁꽃 필 거니까

쪽발 · 뒷놈도

그러안겨 그만.

——상동. *8.31. 17:55.* '自由文學'에서.

'民調詩學'(*2011.6.30.*하반기.제2호.)

統一詩經
——民 調 詩 · *178*

1.

온샐녘 南北詩經 뙤기매기 적

꽃거울 바뀐다.

2.

온하루 律呂 두름 세 두름 엮자

낮달이 불켠다.

3.

한밤에 *3*한밤에 세 벌매기논

알밴벼 달뜬다,

달뜬 밤 해뜬다.

——한기*10948*(한웅기*5909*.단기*4344*.동이공기*2562*.남방불기*2555*.서기*2011*). *12.19. 11:30.* 을지로 *3*가역에서.→한기*10949. 5.16.* '自由文學'에서 *2* · *3*수 추가 되고.

'民調詩學'(*2011.12.30.*하반기.제*3*호.)

ᄉᆞ롬한얼님
——民 調 詩 · *179*

하늘위 또하늘에, ᄯᅩ위에는 ᄉᆞ롬한얼님
밥먹자
나눈 떡,

물세 · 소득세도,
하루 한 번 낸다.

——한기*10949*(*5910:4345:2563:2556:2012*). *3.27.* 春分節. *10:27.* *4*호선 '自由文學' 출근길 명동역에서.

'民調詩學'(*2012.6.30.*상반기.제*4*호.)

제6부 하느님 영부인은 아셀라 女神

하느님 부인
——民 調 詩 · *180*

하느님 영부인은 아셀라 女神*
엘(*ELL*)*과 아셀라
이스라엘* 하늘,

한누리 사람땅,
새한얼 한울땅.

*아셀라 女神 : 하느님 부인으로 밝혀짐. 고대 이스라엘 민족이 하느님(엘:여화)과 동격신으로 믿은 여신의 이름 '아셀라'가 '엘'과 함께 나란히 도자기에 동격 위치로 새겨진 문자를 고고 학자가 발견함.
*엘(*ELL*) : 하느님 : 여화의 또다른 이름.
*이스라엘 : 아셀라(女神)+엘(*ELL*)의 합성어가 오늘날 이스라엘 나라 이름.

——한기*10949:*한웅기*5910*(*3898+2012*):단기*4345:*동이 공기*2563:*남방 불기*2556:* 서기*2012. 3.27.* 春分節. *10:27. 4*호선 '自由文學' 출근길 명동역에서.

'民調詩學'(*2012. 6.30.* 상반기.제*4*호.)

文王의 物法 · *1*

——民 調 詩 · *181*

물에서

불꽃 피고,

다시 꽃불이

꽃물로 핀 얼울*.

*얼울 : 얼굴. '굴'에서 'ㄱ' 탈락. '굴'→'울'로 말소리 바뀜.

——한기*10949*(*5910:4345:2563:2556:2012*). *5.31.* *20:25.* 芒種節. 퇴근길 명동역에서.

'自由文學'(*2012.* *9.30.* 가을.제*85*호.)

文王의 物法 · 2
——民 調 詩 · *182*

물에서

싹트는 건

꽃피는 건

몽땅 그림자,

태우는 건

불꽃.

——한기*10949*(*5910:4345:2563:2556:2012*). *5.31. 20:30.* 芒種節. 퇴근길 *4*호선 '숙대입구' 역 전동차에서.

'自由文學'(*2012.9 .30.* 가을.제*85*호.)

미실이의 民調詩

——民 調 詩 · *183*

신라적 미실이가

쓴 '風浪歌'는

3· 4· 5· 6 이두,

향가 民調詩다.

——한기*10949*(*5910:4345:2563:2556:2012*). *6.21.* 夏至. '自由文學'에서. *3· 4· 5· 6*조로 쓴 '民調詩學'(*2011.12.30.*하반기.제*3*호.) '펴낸이의 말' 제목으로 쓰다.

'自由文學'(*2012. 9.30.* 가을.제*85*호.)

<申世薰 제3민조시집 평설>

詩仙의 悟道頌－그 혼魂歌

시인 · 民調詩 評論家 金 鉉 洙

<民調詩 評論>

詩仙의 悟道頌－그 ᄒᆞᆫ魂歌

金 鉉 洙
<시인·문학평론가·ᄒᆞᆫ易人>

하나.

'아흐, 동동'
'아흐, 동동'
'아흐, 동동'

전율이 온다. 순진 무구한 희열이거나 등골 오싹한 소름일 것이다. 정좌하여 '아흐, 동동' 3세 번을 읊조려보자. 대저 'ᄒᆞᆫ'의 얼을 지닌 자는 모골이 송연해질 터이니.

'아흐'는 'ᄒᆞᆫ'의 넋을 깨우는 영가일 것. 6감이 응축된 하늘소리 본음에 잇닿는다. 'ᄒᆞᆫ'의 '아하'요, '아싸'고 '아차' '아야' '아리' '아휴' '야호' '아으'… 등등의 초감각 진언이다. 마치 백제 '정읍사'의 '아으'와 같다. 'ᄒᆞᆫ' 사람들 시원에서 새어나오는 신음, 혹은 法悅로 내뱉는 詠歎의 본말에 해당한다. 'ᄒᆞᆫ'사람들 심저 본능의 ᄒᆞᆫ음소리 '아흐'이다.

'동동' 역시 마찬가지다. '아흐'를 따라 내뱉는 구음이다. 'ᄒᆞᆫ'의 깊고도 깊은 그 情恨이 응축된 구음 비나리이다. '아리아리 동동'이다. '스리스리 동동'이다. '정읍사'의 '아으 디롱다리'처럼, 하냥 뜻없어서 오히려 그뜻이 한없는 神明 구음 그… '아흐, 동동'이다.

시공의 경계를 초월해버린 법열. 그 오르가즘에서 터져나오는 깨달음의 노래. 禪家에서는 그걸 悟道頌이라 한다. 시공의 틀을 깨는 선각의 오도송—의식의 틀을 허무는 깨달음의 법어가 오도송이다. 그 悟道頌은 빛의 말씀이다. 무명을 깨우고밝히는 생명의 빛말씀으로 영원히 회자된다.

금번 상재한 申世薰 제3민조시집 "아흐, 동동 '천부경' 나라"—그 시적 정체가 바로 詩林—詩仙의 오도송이다. 혼의 天符로부터 쏟아지는 진혼가다. 禪家의 禪覺이 내려치는 죽비의 법력처럼, 詩林의 詩仙이 나빌리는 붓비의 필력으로 쏟아낸 '혼'의 빛말씀이다. —"아흐, 동동 '천부경' 나라"다.

둘.

詩仙 申世薰의 民調詩는 혼—말씀 *3·4·5·6*調 단말마다. 그 *3*집 갈무려놓고 "아흐, 동동 '천부경' 나라"를 선포했으니, 그문패부터 一喝의 오도송이다. 격식이라고는 전혀없고 마치 순진 무구한 소년이 몸서리 희열을 내뱉듯 '아흐, 동동' 하고서는, 이어 혼사상의 혼얼로 고혹한 조선 선비 정신에서나 꽃필법한 " '천부경' 나라"를 세우고있다. 그러니 무유 자재의 入仙 경계가 아니고서야 어찌 그시품을 헤량할거나.

따라서 평자도 이미 교외 별전이다. 사족은 거추장스럽다. 정신 바짝 차리고 법거래에 임할 뿐이다. 申世薰의 서늘한 '혼'의 뼈마디만을 예의 주시할 뿐이다. 행여 *3·4·5·6*調 그오도송을 헤량하지 못할 경우, 다행히 그시편 발아래 각주를 살필 여유는 있다. 법거래의 틀을 내어준 詩仙의 은전일 것이다. 그래도 헤량하지 못하면…, "아흐, 동동 '천부경' "하면 된다. 상재의 *3*집 전편이 그오도송 신명가락 시품에 깃들어있기 때문이다.

申—詩林 첫집에서 '*3·4·5·6*調' 대문 열고, 두레집은 '통일꽃 핀다'고 전언하더니, 셋집 대문엔 "아흐, 동동 '천부경' 나라"를 내어걸었음이다.

*3*変成道다. 약속이나 한 듯, *3*세 판에 비로소 詩仙이 꿈꾸던 그나라

를 선포하였다. 3신이 4방에 5선지 깔고 6감을 탄주하는 신명 율려의 나라, 통일꽃 만발한 '훈'의 나라이더니, 그꿈결 진율 짜릿한 "아흐, 동동 '천부경' 나라"다. 이제 그나라가 오롯 세워졌음을 선언하고있다. 손수 차린 詩林–'훈'의 제단앞에 그 송이송이 눈부신 民調花를 피워 올려 헌시 · 헌화 하고있다.

이 한봄 이덧 밝혀 웃는 진달래,

아
목련
무궁꽃.

——民調詩· 130품 '통 일 꽃' 全文

申世薰의 눈매 눈웃음이 오버랩 되듯, 이덧 햇뽀얗게 피어나는 꽃 · 꽃 · 꽃나래들. 진달래와 목련과 무궁꽃이다. 붉은 진달래가 하얀 목련 껴안아, 붉은 단심에 흰꽃잎 피워낸 무궁꽃이다. 그통일꽃이 이덧 밝혀 웃는 한봄날. 그렇게 詩仙은 7천만 겨레의 꽃가슴에 꽃달아 주려고 '훈'길 앞서 나선 것이다. 한봄도 이덧 밝혀 웃고, 진달래참꽃들 미소 가득 꽃물결 피는 통일 산하 나빌리듯.

아 한봄 통일꽃은 피긴 핀다만,

늦자초피는
봄.

——民調詩· 131품 '한 봄 꽃' 全文

한봄꽃 늦자초피어 안타까운 봄이긴 하다만. 그렇게 수려히 피워올린 民調花. 그간결한 여백미에 눈부시다. 그렇게 한 폭의 禪畵 그리듯, 3·4·5·6調 시품을 직조하고있다. 고수의 한 호흡 내공으로 그려낸 절제 미학의 문인화가 이만 하랴. 늦지만 '훈'사람들 스스로 끝내 피우리라 예언하듯, 시선의 단민조시는 반달꽃–통일꽃을 피우고있다.

필시 지금의 반봄을 한봄으로 앞당겼을 법한 한봄꽃 피우고있다.

3.
天花야, 地花子 봄
동그래미얼 선뱅이 반편봄,

무궁꽃 온편봄.

——民調詩·*135*품 '남남 북녀꽃' 중에서

民調花 '남남 북녘꽃'이다. 율려 경쾌한 '천화야, 지화자 봄' 그신명 가락에는 천지를 얼싸안는 오도송 깃든다. 그보름밤 보름뱅이꽃인데, 詩仙은 주질러앉은 '동그래미얼 선뱅이 반편봄,' 일으켜세워, 얼씨구 지화자 봄춤을 춘다. 남북을 합궁시켜 내일의 통일 조국에 헌화하는 '무궁꽃 온편봄.' 꽃춤이다. '벙어리 반쪽꽃, 귀잡순 통일꽃.'('나라꽃')이 아니라, 이제야 '늦바람핀 얼꽃.'('늦봄꽃') 춤이다. 불임의 남남 북녀 합궁시키는 詩仙의 공력. 거기서 피어나는 申世薰의 民調詩 꽃춤이다. 그 "아흐, 동동 '천부경' 나라"다.

셋.

申世薰 시세계의 섣부른 예단은 금물이다. '저 도봉이 옷 다 벗고야'(道峯 · *3*) 보이는 無心의 경계이기에. 시혼의 초탈과 완숙의 경지로서 시선의 반열에 들어섰기에. 시혼으로 직입하는 선정과 입신의 경계를 어느 정도 채득해야만 보이는 시세계다.

하여, 그가 피워내는 통일꽃도 반도에서 피는 남북 통일꽃이 아니다. 그가 피운 합궁꽃은 우주 의식의 無極-無宮 꽃이거나, 적어도 亞細亞聯邦 꽃이다.

1.
아시어 연방나라 꿈꾸는 얼은

하늘님 별천지, 한울님 꽃천지.

2.
東邦에 합궁꽃잎 피어오른 날
天帝도 ᄒᆞᆫ'一'자, 은하수 ᄒᆞᆫ'一'자.

3.
亞細亞聯邦國家 東方木花 꽃
天宮도 나빌 땅.

——民調詩·*142*품 '亞細亞聯邦을 꿈꾸며' 全文

申世薰 시세계의 시공간이다. 아시어 연방 시공간 강역에 울타리꽃 심어두고 무궁화꽃꿈 꾸고있는 것이다. 그러니 반도땅 분단국에 고착된 뿌리의식으로는 그의 시공간 세계를 범접하기 어렵다. 반도 분단 강역 공간 의식으로는 얼토당토의 황당한 헛꿈으로 들릴 것. 허나, 노 시인의 그꿈은 시대 의식의 꿈일진저, 한 번 하심하고 詩仙의 시공간을 더듬어 따라가야 할진저.

왜 아시어 연방을 꿈꾸겠는가. 上古 한(桓)국－배달국은 말할 것도 없고, 단군 천제의 '아사달'이 '아시어 연방' 나라였으니. '아사달'은 '아침땅'이고, '아침땅'은 '고요한 아침의 나라땅' 즉, '단군 조선'의 '*3*한 관경' 아시어였다. 그 '아사달'이 '아세아-아시어'로 변음되어 나왔으니. 단군 조선의 강역이 바로 'ᄒᆞᆫ'조선 아시어 연방나라였던 것이다.

그러니 申世薰의 꿈은 지극히 善한 꿈일레라. 잃어버린 옛터 본향으로 귀향하려는 순박한 'ᄒᆞᆫ'사람들 꿈일진저. 하늘님이 만백성을 섬기는 별천지의 꿈나라 '아사달'이다. 아사달은 군주가 만인위에 군림하는 위정자의 나라가 아니다. 한울님이 하늘을 대리하여 민초들을 떠받드는 꽃천지 나라. ᄒᆞᆫ으로 하나된 은하수의 꿈나라다. 그나라에 '東方木花 꽃' 만발하면, 그 '天宮도 나빌 땅.' 단군의 아사달 아시어 연방나라 되찾을진저.

하여, 申世薰의 '백담사'도 강원도 절집만은 아닐 것. 어쩌면 백두

천지연의 '白潭'을 말하고 있을 것. 그 '여울목 다리꼰 보살' '불덩이 울음'('백담사 물목탁 · 1·2')으로 물목탁을 치고있는 禪詩 한품도 보라. 그조선혼으로 직입하는 손끝 가리키는 달빛을 보아야겠으니. 손가락 끝만 보지 말고.

> 야소교 논밭골 다 매고 난 노을피밭엔 피박쓴 조선혼.
>
> ——民調詩·145품 '성서 독후감' 全文

'한'의 성서는 무엇인가. '야소교'의 '성경'은 달달 외고, 저의 나라 '한'국의 성서 '천부경'은 그이름조차 모르고. '야소교' 시원성 '에덴'은 알고, '한'의 시원성 '마고'는 모르고. 그들 아비 '아브라함'과 '야곱'과 '소돔'의 발자국은 소상히 알고, 환숫 '커발한'과 '자오지 치우'와 '왕검 태자 부루'의 발자취는 까맣게 모르고. 피박혼 아닌가. 남의 논밭에 피뽑다가 내 논밭피만 무성하게 자란 꼴 아닌가. 申世薰은 3·3·4·5·6의 21자 단말마로 '한'의 얼빠진 정신을 통렬히 질책하고있다. 가히 '한'의 오도송 '성서 독후감'이다.

'신애한가'('新愛桓歌')에서는 애오라지 '冬白山'－겨울백산에 봄날 오기를 기원하고있다. 고조선 뿌리혼에서 '한 그루 낭구,…卍그루.'로 가득 번기를 소원하고있다. 그'한'의 꽃세상 피워 고조선을 複本하려는 '한'魂歌 울림이다. 그 "아흐, 동동 '천부경' 나라"다.

넷.

거듭, 간과할 수 없는 申世薰 문학의 그 我山(申世薰 自號)은 民調詩다. 전인 미답 등정의 산이니 我山이다. 묵묵히 오른 산일 것. 1962년 登林－51년 詩歷이니 詩納 반 세기이다. 시인은 운명이었고, 시인의 최고봉 我山은 숙명이었을 것. 올라보니 白山이었을 것. 천부 3신 제단의 '한'산, 바로 我山의 '한'산 문학 民調詩다. 하여, 중진 김시종의 전언처럼 '민조시의 아버지'('祝 電') 申世薰이다.

상재의 제3민조시집 그의미 심장함이란, 3족오가 3발이듯, 3신의 3세판 민조시집이다. 이제 我山 시루봉에 비로소 온전히 두 발 딛고, '한'의 천제단을 차린 것이리라(논급한 바와 같이). 어쩌면 노심 초사 키운 民調詩를 이쯤 내려놓는 我山의 안심이기도 할 법이고, 그최고봉에 오른 무심의 오도송 "아흐, 동동 '천부경' 나라" 선포식일 것이다. 다시 그오도송에 귀기울여 따라 가보자.

하늘방 다못 노래 했다는 거야, 이승 승방 술래.

저승방 사는 눈빛 다 몰랐대야, 이승바깥살면.

——民調詩·149품 '이승바깥사는 슬픔삯' 全文

슬픔에도 삯이 있어, 이승의 술래를 해야 하고, 하늘노래 다할 때까지 그슬픔삯을 내라 한다. 그슬픔삯을 기꺼이 내놓으라 하나, 처연하게 가슴저린 이승술래들, 저승까지 어찌 살피랴. 슬픔삯 되갚기도 분주한 이승바깥에서, 잠시 저승 노자삯이나 만지작거릴거나. 피안을 넘나들 수 없어 이리 아픈 슬픔삯의 술래들이니.

1.
밥먹고 식사할까, 식사를 하고 밥반찬 먹을까.

2.
잠깐만,
밥을 먹고 반주를 할까, 반주 후에 쏠까.

3.
의장님,
소변보고 오줌을 눌까, 오줌누고 깔까.

꽃피면 춤추고,
새울면 잠잘까.

——民調詩·151품 '狗快 貳 원' 全文
<

이번에는 諷刺 民調詩다. 이판도 아니고 사판도 아닌 개판의 '구쾌 2원' 나리들 풍자시다. 가식의 두 얼굴을 해학적으로 발가벗기고있다. 백성들 밥먹이겠다고 했는데, 잠깐만, 국민을 위해 쏜다고 약속해놓고, 의장나리 오줌도 국민 나중에 깐다고 해놓고, 제맘대로 그리 개판을 치고 있으니, '국회 의원' 아니고, '狗快 貳 원'이란다. 그풍자 미학이 '통쾌 2원'하다. 그렇게 담백하고도 순진 무구한 民調詩 절창 한 품을 또 보자.

> 하느님 찬바람통 좀 꺼주세요, 발가벗고 자게.
>
> ——民調詩·159품 '겨　울' 全文

이제 하느님은 찬바람통 끄실 준비를 해야 하겠다. 詩仙이 하느님과 벗하고 법거래 했으니, 그렇게 발가벗고 자겠다고 하니. 이미 모두 벗어 티끌 하나 없는 천진 난만의 경계다. 하느님은 찬바람통 끄실 때도 됐다는 거다. 이땅 광복 이전에 출생하여, 文林 七十而從心에 이르도록 찬바람통 겨울을 걸어왔으려니, 이쯤 찬바람통 끄시라고 법거래트는 필력이다. 하느님과도 법거래트는 無唯定法의 경계, 발가벗어버리는 무욕의 허심이다.

무엇보다 'ᄒᆞᆫ'의 겨울끝 봄온다는 民調詩 'ᄒᆞᆫ'품 아닐까. 그한봄날 'ᄒᆞᆫ'풍에 발가벗고 한잠 주무시겠다는 의지일 것이다. 그 古稀의 從心이 'ᄒᆞᆫ'에 지극이 이르고있음이니 하는 말이다. 또 시제 '겨울'이 지극히 평이해서 예사롭지않고, 그한울님과의 장쾌한 법거래 시품이 'ᄒᆞᆫ'없이 크고담백해서 우아하다. 이렇게 우리 'ᄒᆞᆫ'말 3·4·5·6調 18자수 단말마로 'ᄒᆞᆫ시-韓시-그 대칸시'를 쓰고있는 시품 보라. 여여한 民調詩 'ᄒᆞᆫ'품-"아흐, 동동 '천부경' 나라" 아니겠는가.

다섯.

하늘이 '天'이고 사람은 '符'다. 그 '天符'는 하늘(天) 뜻을 대쪽(竹) 2

편에 새겨 사람에게 주는(付) 하늘 信標요, 하늘 符號다. 그 '天符'가 '훈'이다.

'훈'의 'ㅎ'은 '天'이고, '·'은 '人'이며, 'ㄴ'은 '地'이다. 그'훈'에는 '天·人·地' 3신이 '三'과 '一'로 깃든 '훈-글'이다. 바로 그'훈사상'의 노래가 '民調詩'이고, 그 民調詩에서 피어나는 꽃나라가 " '천부경' 나라"다.

天(○:一) 人(△:二) 地(□:三) –3
天一二三 –4
人一二三 –4
地一二三, –4

'天地不仁'은 (似) '萬物爲芻狗' –5/ 5
'一始無始一' '一終無終一' –5/ 5
水木火土金, –5

一	乾	天	幹	干	天	,
二	氣	人	中	心	人	,
三	坤	地	枝	支	地	, –6, / 6, / 6,

上元甲子年에, 상시월 초사흘, 천재 울국 연 후, '秦韓亦曰辰韓.' –6, / 6, / 6, / 6.

——民調詩·163품 '形而中學 나라 朝鮮·2' 全文

1연 1행 '天人地'는 形而上·下學이 아닌 우리 고유의 3神 3태극 '원·각·방'을 설하고 있다. 2·3·4행은 '천부경'의 '大三合六'의 설명이고. 2연 5행은 노자의 '도덕경'(제5장 첫머리) 인용구인데, 노자의 세상이나 작금의 세상이나, 개판의 사람이 많아 천지가 어질지 못함을 빗대어 꾸짖고있다. 그러니 6행의 '천부경'과 '훈'사상으로 '天地有仁' 하자고 역설한다. 3연 도형 9행 '中6'의 '二氣人中心人'은 바로 '천부경'의 '太陽昂明人中天地一'과 그뜻이 같다. 천부의 조선 사람이 天人地中으로 '형이 중학' 이루어야만 天地도 有仁하여질 것임을 설하고 있는 것이다. 4연 11행은 왕검 단군의 개천일—그 '천부경' 나라 때는 시황제의 '秦' 나라 역시 단군의 '韓' 나라였음을, 중원 강역 전부가 辰韓의 三韓 나라였음을 되새겨 밝히고있다.

이 한 품 民調詩의 격은 장중하면서도 이채롭고, 난해하면서도 'ᄒᆞᆫ'의 맥을 명료히 새겨주고있다. 또한 새정형 民調詩에 담을 수 있는 율려시의 여러 가형을 모범적으로 보여주고있다. 4연 11행에 東夷 동방 문자 'ᄒᆞᆫ'글과 'ᄒᆞᆫ'문을 配用하였고, '도덕경'과 '천부경'을 차용하였으며, 기호학 네모꼴의 도형을 배치하여, 그안에 'ᄒᆞᆫ' 고유의 3신 천부의 나라—'形而中學 나라 朝鮮'의 '天人地中'을 설파하고있다.

오직 천부의 'ᄒᆞᆫ'사상만이 개판의 '天地不仁' 시대를 마감하고, 'ᄒᆞᆫ'판의 '人乃天' 시대를 맞이하게 될 것임을 역설하고있다. 이만하면 申世薰의 "아흐, 동동 '천부경' 나라"를 함께 찾아나서야 하지않겠는가.

그 "아흐, 동동 '천부경' 나라"는 다음의 율려시에서도 一筆揮之하고있다.

1.
東西론 나고숨고, 남북으론 불끈 솟구쳐 물빛덤 햇빛덤.

2.
동북방 서남방 4방 8방 16방으론 32방에 64방 열쇠.

3.
3각(△)엔
네모틀(□) 황제 8괘 64괘는
동그라미(○) 한(ᄒᆞᆫ) 쌍.

4.
소리(음)도 하늘울림(音響)
울림그늘(響影)엔
햇빛도 싹트고, 말씀도 자라나, 빛깔도 꽃피어, 계집(마고)과 살았다.

——民調詩·141품 '律 呂·2' 全文

역시 申世薰의 천부 꿈나라 民調詩다. 무도와 난법의 나라가 아닌,

천지 정위하고 신인 합일하는 符都의 나라일 것이다. 조물주가 신천지를 창조하듯, 詩仙의 꿈나라를 씨줄 날줄 엮고있다.

그나라는 잃어버린 3신 마고의 나라다. '훈'의 사람들이 반드시 되찾아 돌아가겠다는 약속의 율려나라다. 나만 살겠다는 사욕의 나라 사람들 아니다. 우리 모두를 보듬고 함께 되돌아가겠다는 하늘 약속의 天符 나라다.

그것을 '훈'사람들 複本이라고한다. 유다 그들처럼 저승 천국으로 가자는 약속 아니다. 살아 맞이하는 지상 천국으로 돌아가자는 複本의 律呂 나라다. 天音으로 햇빛도 싹튼단다. 진리의 말씀이 자라나고, 빛깔에서 꽃이 핀단다. 성스러워 아름다운 여자와 살 수 있는 나라란다. "아흐, 동동 '천부경' 나라"다.

여섯.

申世薰의 '훈' 시품은 마치 베적삼 우리옷 '훈'복을 입은 것과 같다. 원색 본품의 토속 겨레옷을 입고있는 것이다. 그옷품 토종빛깔 매무새가 원체 강하기는 하다만, 지극히 평범한 우리옷을 입고있는 것이다. 조선 여인네 손땀으로 곱디고운 골무매듭의 모시적삼 두루마기옷이다. 그런데 낯설고이상하게 눈흘기는 까닭은 무엇인가. 저의 나라 사람이 저의 옷을 입고있는데, 저의 나라 사람들부터 어색하다 못해 불편해하는 이유는 무엇인가.

그'훈'품을 읽는 눈이 없다고, 외면하고 폄하해서야 되겠는가. 허기야 그 '훈' 시품 평설 광영이 평자에게 넘어온 것도, 이나라 文林에 그나마 반쪽 눈뜬 '훈' 평필들이 흔치않은 연유일 것이다.

함부로 폄하하지 마시라. 申世薰은 상수요, 고수다. 이제 文林도 정신없이 따라입은 남의 옷 벗을 때가 다됐음을 직시하고있다. 그렇기 때문에 더욱 '훈' 옷품 정신바탕 겨레옷을 단단히 차려입는 것이다. 또한 우리옷 그격조가 드높아 아아헌 꽃품임을 익히 알고있는 터, 그 '훈'품의 원뿌리옷 옷매무새를 야무지게 가다듬고있는 연유다.

1.
온새녘 南北詩經 뙤기매기 적
꽃거울 바뀐다.

2.
온하루 율려 두름 세 두름 엮자
낮달이 불켠다.

3.
한밤에 *3*한밤에 세 벌매기논
알밴벼 달뜬다,
달뜬 밤 해뜬다.

——民調詩·*178*품 '統一詩經' 全文

반쪽 뙤기매기 적 잡초시 쓰지말기를 권유하고있다. 온새녘이면 꽃거울 바뀔 터이니, 그꽃거울 눈부신 새빛터울 '한'밝시를 써야 한다고 직언한다. 낮달로 불을 켜는 율려 두름 '통일 시경' 쓰자는 것이다. *3*한밤 천인지의 '천부경' 나라, 그 '통일 시경'에서 '알밴벼 달'이 뜨고, 비로소 '달뜬 밤 해'돋는 오도송 읊는다.

'經'은 '書'가 아니다. '經'은 빛알갱이이고, '書'는 그빛을 반조하는 글이다. 그러므로 '經'은 함부로 붙여쓰는 말이 아니다. 하늘의 빛말씀을 새긴 진리의 글말씀이 아니고서는 '經'을 함부로 붙여 쓸 수 없다.

하여, 문학에도 詩만 붙일 수 있어 '詩經'인데, 시도 통일시를 써야 하고, 통일시도 '통일 시경'에 버금가야 함을 일깨우고있다.

전수 다 *1945*(일구사오) *8*월 *15*일 '광복 공간'을 '해방'으로 앎, 역사 의식 빵점, 빵점 문학 왜 해, 선비샌 앵무새, 선택 과목 나라, 국어도 선택 땅! 국사도 선택 꽝! 이나라 광땡꿈!

—民調詩·*167*품 '해방=통일→통일 공간=남북 공간=독립 공간' 중에서

'해방'의 개념을 정리하고있다. *8*월 *15*일은 광복절이지, 해방절 아닌

데, 대일 항쟁기(항일기:대일 저항기:항일 저항기-편집인 주.)에서 벗어난 광복 공간이 해방 공간 아니고, 우리 겨레를 올무엮는 식민과 사대를 온전히 벗어버린 시공간이 해방 공간임을 역설하고있다. 얼빠진 문학, 빵점 문학의 나라, 국사와 국어가 선택 과목인 나라 허울 짖어 호된 질타를 하고있다. 저의 나라 역사를 스스로 부정하는 앵무새 선비들, 목소리 크면 광땡인 나라를 크게 질책하고있다.

일곱.

작금, 소위 한류 스타-조선 광대 젊은이 'ᄒᆞᆫ'신명이 세계를 평정하고있어 화제다. 유(*U*)-튜브 광속을 타고 지구촌의 신명들을 춤추게 하고있다. 그야말로 봄제비 몰려나가는 '강남 스타일'이라는데, 우리 스타일-'ᄒᆞᆫ'류 스타일 조선 뮤지션의 노래와 춤과 '끼'에서 폭발하는 자연 발생적 인기라 한다. 그게 'ᄒᆞᆫ'류 '톡톡'한 토종 스타일이라서 지구촌이 열광한다니, 더욱 반갑다.

정악(아악-편집인 주)이든 민악(향악-편집인 주)이든 무슨 상관이랴. 율려 天音이 저잣거리에서 어우러지는 마당놀이 'ᄒᆞᆫ'판이 'ᄒᆞᆫ' 스타일 아닌가. 어찌됐든 문화 예술의 본색 'ᄒᆞᆫ' 스타일이 조선 젊은이의 신명으로 그위력을 드러내고있다니, 참으로 祥瑞의 징조다. 천부적 율려 예인의 혈맥에서 유전된 'ᄒᆞᆫ' 스타일의 존재감일 것이다.

이땅의 남반도(남한-편집인 주)에서 피고있는 수많은 하늘꽃들도 보시라. 만신들의 잔치굿이다. 지구촌의 神敎 모두가 'ᄒᆞᆫ'의 토속 정신 그릇에 담겨 '天符歸一' 하고있다. 'ᄒᆞᆫ' 스타일의 'ᄒᆞᆫ' '一'자, 은하수 ᄒᆞᆫ '一'자로 '歸-ᄒᆞᆫ' 하는 '천부경' 나라이리라.

高手 申世薰은 그'ᄒᆞᆫ'을 관조하고있다. 그 'ᄒᆞᆫ'축을 바로잡기 위해 초지 일관하고있는 것이다. 지축을 바로 세우고 '무궁꽃 필 거니까' '신발 뒤집어 머리에 써야 해.'('지축 바로서면 · *1~6*)하며-개벽의 그 民調詩經을 읊고있다. 入仙의 경지에서 미동없는 오도송을 읊고있는

것이다. 文林의 온갖 문예 사조도 이제 '天符歸-훈' 해야 한다고 법문하고 있음이다.

맑고도 향기로운 이방귀소리
내 몸 날으는 통일동그라미.

――民調詩·*164*품 '뽕!' 全文

아, 맑고 향기로운 법향이다. '申'-詩仙의 '世'-세상으로 번지는 '薰'-'훈'향이다. 그 聖名 값이다. 하수의 사족과 잡설로 어찌 그법문 혜량이랴. 하룻강아지 범접할 틈도 없는 장좌 불와의 我山 법문이다. 그시루봉 '훈'의 제단에서 부르는 '훈'의 眞魂歌다.

我山 民調詩의 공과야 '훈'의 天符가 알아 할 일이고. 평자는 그 我山 천제단에 *3*세발솥(鼎) 향로 하나 올려 함께 축향한다. 이제 我山의 民調詩 아닌 '훈山'의 民調詩임을 '설'하고, '평'할 것임을. …'훈'의 多山 民調詩임을 대변하겠다는 약조의 *3*신 향불 사른다.

붓다의 전법도 경전과 설법이 아닌 것을. 가섭 전법의 법인이 연꽃 한 송이의 念華微笑다. 이심 전심이다. 申世薰의 제*3*민조시집 뒷문을 그리 닫는다.

'훈心 훈心'…!

'아흐, 동동'
'아흐, 동동'
'아흐, 동동'.

<壬辰(*10949*) 初 하늬절 모악뫼 하늬쪽 金川池 '훈시붉마루'에서.>

申 世 薰—약력

· 1962. 1. 1. '조선 일보' 신춘 문예 시부 당선(无涯 梁柱東 · 朴木月).
· 청소년문학 장르를 개척함(登林 청소년 문인 70여 명).
· 새로운 정형시 3·4·5·6조 '民調詩'를 개척함(登林 民調詩人 60여 명).
· 동수필(윤재천 박종현과 함께 1명 登林시킴) · 장편 수필(2명 登林) · 시소설(1명 登林)을 개척함.

· 저서 · 시집 '비에뜨 · 남 엽서'(1965. 토픽 출판사. 폐기함.)
시집 '江과 바람과 山'(3인 시집. 裵正雄 沈相運과 함께. 1978. 한겨레 출판사.)
시집 '뿌리들의 하늘'(1만행 장시 제1부. 1984. 일월 서각.)
시집 '사랑 그것은 落葉'(청소년시집. 1984. 온누리.)
시집 '조선의 天平線'(1991. 미래 문화사.)
시집 '꼭둑각시의 춤'(1993. 도서 출판 天山. 폐기한 시집 '비에뜨 · 남 엽서' 개정 · 보완판)
시집 '체온 이야기'(시극 · 장시집. 1999. 도서 출판 天山.)
시집 '3·4·5·6調 [民調詩集 2000. '새정형시 민조시(3·4·5·6조) 개척 선언문' 수록. 도서 출 판 天山]
시집 '통일꽃 핀다 [民調詩集 2008. '민조시론 공개 강좌(생녹음 원본) 수록. 도서 출판 天山.]
시집 '思美人曲'(登林 50주년 · 古稀 기념 시집. *2011.* 도서 출판 天山.)
시집 '대장 부리바'(登林 50주년 · 古稀 기념 풍자 시집. *2011.* 도서 출판 天山.)
시집 '남이 다 하고난 질문'(登林 50주년 · 古稀 기념 대화 시집. 2011. 도서 출판 天山.)
시집 "아흐, 동동 '천부경' 나라"(第3民調詩集 2012. 도서 출판 天山.) 등 編譯著 28권.

· 수상 · 1978. 제3회 '詩文學賞'
· 1996. 제10회 '예총 예술 문화 대상'(문학 부문)
· 1999. 제14회 경기 문학 대상 등.

天 山 詩選 89

申 世 薰 제3민조시집

4345('12). 10. 15. 박음
4345('12). 10. 15. 펴냄

아흐, 동동 '천부경' 나라

지은이 신 세 훈
펴낸이 申 世 薰
잡은이 신 새 별
판본이 신 주 원
펴낸데 도서출판 天 山

110-524. 서울시 종로구 명륜 4가 99-3. '自由文學' 출판부.
등록 1991.10.31. 제1-1269호

ISBN 978 - 89 - 85747 - 44 - 8 03810
☎745-0405 Ⓕ764-8905

*잘못된 책은 바꿔드립니다.
값15,000원